Power-Sprachkurs
JAPANISCH für Fortgeschrittene

von
Takayo Ishizawa

PONS GmbH
Stuttgart

PONS
Power-Sprachkurs
JAPANISCH für Fortgeschrittene

von
Takayo Ishizawa

Die systematische Grammatik basiert teilweise auf ISBN 978-3-12-562899-1

1. Auflage 2019

Logoentwurf: Erwin Poell, Heidelberg
Logoüberarbeitung: Sabine Redlin, Ludwigsburg
Audioproduktion: dbmedia.de dupré & buhr gbr
Sprecher: Junko Masunari, Hoshi Masaya, Hideaki Obika, Oguni Sachie
Layout: one pm, Petra Michel, Stuttgart
Satz: Satzkasten, Stuttgart
Druck/Binden: Gebr. Geiselberger GmbH, Altötting

ISBN: 978-3-12-562134-3

Danke für Ihr Vertrauen!

Wir bei PONS sind der Überzeugung: Wer Sprachen spricht, dem steht die Welt offen. Aus diesem Grund entwickeln wir seit über 40 Jahren hochwertige Wörterbücher und Sprachlern-Produkte und entwerfen ständig neue didaktische Konzepte, um für jeden Sprachenlerner das Passende anbieten zu können.

Helfen Sie uns mit Ihrem Feedback!

Sind Sie mit diesem Sprachkurs zufrieden?

Dann freuen wir uns über Ihre **Weiterempfehlung**. Erzählen Sie es Ihrem Freundeskreis, dem Buchhändler Ihres Vertrauens oder schreiben Sie eine Online-**Rezension** und helfen Sie uns, dieses Buch anderen Sprachenlernern näher zu bringen.

Sie haben Fragen bzw. Kritik oder Korrekturen an unserem Sprachkurs?

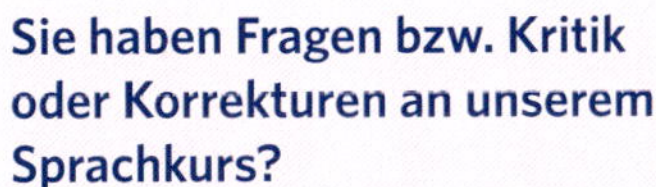

Wir freuen uns über Ihre Anregungen. Schreiben Sie uns eine Nachricht an **kundenservice@pons.de**.

Ihr Feedback hilft uns, unsere Produkte immer weiter zu verbessern.

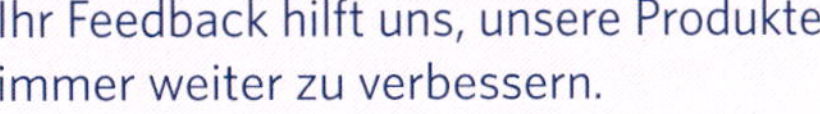

Herzlichen Dank für Ihre Unterstützung und viel Spaß & Erfolg beim Sprachenlernen.

Ihre PONS-Redaktion

So benutzen Sie dieses Buch

Sie möchten Ihre Japanischkenntnisse weiter vertiefen und die Sprache noch besser **verstehen**, **sprechen**, **lesen** und **schreiben** und sprachliche Sicherheit in allen wichtigen Alltagssituationen gewinnen.
Der **Power-Sprachkurs Japanisch für Fortgeschrittene** enthält alles, was Sie dazu brauchen. Er ist unterhaltsam, motivierend und vermittelt Ihnen ein lebendiges Bild des heutigen Japanisch. Zusätzlich erfahren Sie viel Nützliches und Interessantes rund um Land, Leute und Kultur.

Wie lernen Sie mit dem Power-Sprachkurs?

Jede der zehn Lektionen umfasst vier Doppelseiten, auf denen Sie die japanische Sprache gezielt nach den vier sprachlichen Fertigkeiten Hören, Lesen, Schreiben und Sprechen erlernen.

- **Ohren spitzen!** – Die erste Doppelseite einer Lektion ist besonders dem Hörverstehen in der Fremdsprache gewidmet.
- **Augen auf!** – Auf diesen Seiten trainieren Sie anhand alltagsnaher Übungen schriftliches Japanisch zu verstehen.
- **Stift her!** – Hier üben Sie vor allem, auf Japanisch zu schreiben.
- **Mitreden!** – Authentische Gespräche auf Japanisch in unterschiedlichen Situationen sind nun ein Leichtes für Sie.

Wiederholung

- Nach den Lektionen 5 und 10 können Sie in einem jeweils mehrseitigen **Rückblick** Ihre Kenntnisse überprüfen, Gelerntes auffrischen und gezielt vertiefen.

So lernen Sie am schnellsten:

- Lernen Sie regelmäßig und in kurzen Etappen.
- Verweilen Sie nicht zu lange bei einem Punkt. Denn Sie werden sehen: Auch wenn Sie noch nicht alles im Detail verstanden haben, lösen sich Unklarheiten von selbst, wenn Sie voranschreiten.
- Hören Sie alle Tonaufnahmen nicht nur einmal, sondern mehrmals und immer wieder an.
- Bei vielen Texten in diesem Buch sehen Sie über unbekannten Kanji-Zeichen sogenannte Furigana. Dabei handelt es sich um die Hiragana-Umschrift der unbekannten Kanji-Zeichen, damit Sie die richtige Lesung erlernen. An anderen Stellen wurde die Umschrift bewusst weggelassen – hier sollen Sie üben, durch selektives Lesen trotzdem alle wichtigen Informationen aus dem Text zu entnehmen.

Anhang

Im Anhang finden Sie viele nützliche Lernhilfen.

- **Lektionswortschatz:** Mithilfe des Lektionswortschatzes können Sie sich lektionsweise den japanischen Wortschatz aneignen.
- **Lösungen:** Hier finden Sie die Lösungen zu allen Übungen im Kurs.
- **Audiotexte:** Alles, was Sie auf der CD hören, können Sie hier nochmals nachlesen, sofern der Text nicht direkt in der Lektion abgedruckt ist. Hier finden Sie auch eine deutsche Übersetzung zu allen Dialogen.
- **Grammatik:** In der systematischen Grammatik finden Sie schnell Antworten auf Ihre Grammatikfragen.
- **Wortverzeichnis Japanisch - Deutsch:** Schlagen Sie hier nach, wenn Sie ein japanisches Wort vergessen haben.
- **Wortverzeichnis Deutsch - Japanisch:** Hier können Sie nachschauen, wie ein Wort auf Japanisch heißt

Folgende Icons helfen Ihnen, sich schnell im Kurs zurechtzufinden:

Verweis auf die systematische Grammatik

Hören Sie den zugehörigen Audiotext auf CD

Interessantes über Land und Leute

Nützliche Lern- und Sprachtipps

Wortschatz-Infos

Die CD enthält alle Dialoge und Hörübungen in der Reihenfolge, in der sie in den Lektionen auftreten. Unter **www.pons.de/power-sprachkurs** finden Sie, nachdem Sie Ihr Buch ausgewählt haben, auch den gesamten Inhalt der CD nochmals zum Download als MP3-Dateien.

Viel Spaß und Erfolg!

INHALT

Vorwort 3

LEKTION 1 – いろいろなひとびと – Menschen 8

Neue Freunde kennenlernen – Aussehen und Kleidung – Hobbys – Soziale Netzwerke in Japan
Aussprache: Mora
Grammatik: Relativsätze, Nominalisierung des Verbs durch „の" und „こと"

LEKTION 2 – ほめる・ほめられる – Loben und gelobt werden 16

Über Fähigkeiten sprechen – Meinungen äußern – auf Lob reagieren
Aussprache: Lange Vokale, Konsonant ん, Doppelkonsonant
Grammatik: ～そうです、～んです

LEKTION 3 – 災害（さいがい） – Naturkatastrophen 24

Naturkatastrophen in Japan – Warnmeldungen bei Katastrophen – Vorsorge – Verhaltensregeln bei einem Erdbeben - „Vereinfachtes Japanisch" – Notfallgepäck
Aussprache: Melodischer Akzent
Grammatik: ～ないでください、～から、～ておく

LEKTION 4 – 私の町（わたしのまち） – Meine Stadt 32

Zerstörte Stadt durch das Erdbeben – Städte in Kansai – eine Stadt präsentieren
Aussprache: Tonhöhe
Grammatik: ～ている、～てしまう、te-Form der Adjektive

LEKTION 5 – げきじょうへ – Ins Theater 40

Wegbeschreibung – im Theater etwas bestellen/kaufen – Theater und Museum in Takarazuka
Aussprache: Homonyme mit unterschiedlichen Tonhöhen
Grammatik: Zählwörter, Konditionalsatz mit と, Passiv

RÜCKBLICK 1 48

Wiederholung der zentralen Inhalte aus den Lektionen 1 bis 5

LEKTION 6 – たすけてもらえませんか – Bitte, helfen Sie mir! 52

Bestohlen werden – etwas bekommen, geben und verschenken – jemanden um Hilfe bitten
Aussprache: Tonhöhe im Satz
Grammatik: Leidenspassiv

LEKTION 7 – いえさがし – Wohnungssuche 60

Wohnungssuche – die Traumwohnung – Zwei-Generationen-Haus
Aussprache: stimmloses „i" und „u"
Grammatik: Komparativ, ～たい、
Konjunktionen また、そして、だから

LEKTION 8 – 仕事(しごと)を探(さが)す – Arbeitssuche 68

Berufe – Arbeitsbedingungen – Berufe im Wandel – formelle Sprache
Aussprache: Intonation am Satzende
Grammatik: Potenzialverben, Aufzählungen der Handlungen und Gründe ～たり、～し

LEKTION 9 – かいもの – Einkaufen 76

Im Elektroladen einkaufen – beraten lassen – formelle Gespräche im Geschäft
Aussprache: Betonung wichtiger Informationen im Satz
Grammatik: ～てほしい、～なら

LEKTION 10 – 家庭(かてい) – Familie 84

Haushalt – Heiratsantrag (Aufforderung) – Heirat in Japan – Kinder
Grammatik: Fragewort + か／も, Intentionalform ～よう, Kausativ

RÜCKBLICK 2 92

Wiederholung der zentralen Inhalte aus den Lektionen 6 bis 10

Anhang 96

1 Lektionswortschatz 98
2 Lösungen 116
3 Hörtexte und Übersetzungen 121
4 Systematische Grammatik 144
5 Alphabetische Wortliste Japanisch – Deutsch 173
Alphabetische Wortliste Deutsch – Japanisch 190

TR. 1

1

Sie stellen sich einem neuen Bekannten vor. Welche Informationen geben Sie ihm? Hören Sie sich die Aufnahme an. Sprechen Sie nach. Ersetzen Sie die markierten Stellen mit eigenen Aussagen.

Sprachtipp

„と“ ist eine Zitatpartikel.
「フレヤ」とよんでください。
= Nennen Sie mich Freya.

「フレヤ」といいます。
= ich heiße Freya.

X という **Y**
Y namens X: Diese Struktur wird verwendet, wenn der Sprecher annimmt, dass sein Gesprächspartner den Namen X nicht kennt.

Fonix というかいしゃ
= eine Firma namens „Fonix“

ボンというまち
= eine Stadt namens „Bonn“

1. Name
私(わたし)はフレヤ・シュミットです。／
フレヤ・シュミットと言(い)います。／
フレヤと呼(よ)んでください。

2. Beruf
ワーキングホリデーをしています。／
仕事(しごと)はエンジニアです。／
Fonixで働(はたら)いています。／
Fonixという会社(かいしゃ)につとめています。

3. Hobby
映画(えいが)が好(す)きです。／
映画(えいが)を見(み)るのが好きです。／
趣味(しゅみ)は映画(えいが)です。／
趣味は映画(えいが)を見(み)ることです。

4. Stadt
ドイツから来(き)ました。／
ドイツから来たシュミットです。／
生(う)まれたのはボンという町(まち)です。／
住(す)んでいるのはフランクフルトです。

 1

Nominalisierung des Verbs durch „の“ und „こと“

Durch Hinzufügung von の oder こと „Sache, Angelegenheit“ kann ein Verb in ein Nomen verwandelt werden. Vor の und こと nimmt das Verb die Kurzform an.

Verb	Nomen	
映画をみます。→	映画をみるの →	映画をみるのが好きです。
映画をみます。→	映画をみること →	趣味は映画をみることです

2

TR. 2

Hören Sie die Vorstellungen folgender vier Personen und finden Sie die Themen, über die die Personen sprechen.

Themen: (a) Beruf (b) Stadt oder Land (c) Hobby

1. フレヤ・シュミット ______________________
2. たかはた しょうへい ______________________
3. みうら しょうこ ______________________
4. すずき とおる ______________________

Hören Sie sich nun auf der CD noch einmal die Selbstvorstellungen an und lesen Sie das Skript im Anhang mit. Anschließend sprechen Sie den Text nach.

3

TR. 3

Hören Sie sich die Beschreibungen folgender Personen an. Was tragen Sie? Ordnen Sie richtig zu.

1. フレヤ __
2. しょうへい __
3. しょうこ __
4. とおる __
5. いずみ __
6. だいち __
7. りか __
8. はると __

A ジーンズをはいている
B ぼうしをかぶっている
C めがねをかけている
D ネクタイをしている
E ワンピースを着ている
F Tシャツを着ている
J スカートをはいている
H ネックレスをしている

Sprachtipp

Die Verben für *anziehen* lauten je nach Köperteil verschieden:

Kopf:
かぶる
Oberköper:
着(き)る
Unterköper:
はく

Für Accessoires verwendet man in den meisten Fällen
する
Für eine Brille jedoch かける

4

Die japanische Sprache verwendet statt Silben sogenannte Moren als Einheit des Lautsystems. Der Laut, der einem Kanazeichen entspricht, wird Mora genannt. Alle Moren nehmen ungefähr die gleiche Zeitdauer ein. Sie können die Moren mit Musiknoten vergleichen. Hören Sie folgende Beispiele.

TR. 4

1. Eine-Mora-Wort は (Zahn) ♪
2. Zwei-Moren-Wort はは (Mutter) ♪ ♪
3. Drei-Moren-Wort しごと (Arbeit) ♪ ♪ ♪
4. Vier-Moren-Wort ネクタイ (Krawatte) ♪ ♪ ♪ ♪

5

Freya sucht Freunde in einem sozialen Netzwerk. Welche Person passt am besten zu ihr? Lesen Sie folgende vier Profile und suchen Sie eine Person aus. Schreiben Sie in Klammern den entsprechenden Buchstaben.

Zu Freya passt: ________

Sprachtipp

Gefällt mir =
いいね！
Folgen =
フォローする

A. 京都で働いているOLです。趣味はテニスをすることです。テニスをする仲間を募集！　フォローおねがいします。私もフォローします。

イイネ！　フォローする

B. スポーツカーを作る会社のエンジニアです。外国で仕事がしたいので、英語で話す友達を募集しています。まず、メッセージください。

イイネ！　フォローする

Kulturtipp

Wie in Deutschland ist Facebook das dominierende soziale Netzwerke. Zum Chatten wird in Japan eher LINE als WhatsApp benutzt. Twitter ist weit verbreitet wegen seiner Bedeutung als Kommunikationsmittel im Katastrophenfall.

C. 大阪から　生まれた町の奈良にひっこしました。奈良公園の近くにカフェをオープンしました。「しかあん」というカフェです。カフェに来た人、ならが好きな人、フォローしてください！

イイネ！　フォローする

D. スポーツサークルに入っています。住んでいるのは大阪です。スポーツカフェに一緒に行く人、募集！　メッセージをください。

イイネ！　フォローする

カフェで 時々あう人をさがしている。日本語で話す友達を募集。サッカーを見るのが好き。働いている大阪で会いたい。 **Freya**

§ 3

Adnominalsatz (Relativsatz) im Japanischen

In der Übung oben sind die Adnominalsätze unterstrichen. Der Adnominalsatz hat im Japanischen folgenden Eigenschaften:

- Er steht vor dem Bezugsnomen.
- Das Verb steht in der Kurzform Präsens oder Präteritum.

会社につとめています
\+ 会社はくるまをつくります } くるまをつくる会社につとめています

6

Freya hat sich eine Person ausgesucht und schreibt sie nun an.

たかはたしょうへいさま

とつぜんのメッセージ失礼(しつれい)します。私はフレヤ・シュミットといいます。大阪(おおさか)でワーキングホリデーをしているドイツ人(じん)です。住んでいるのは奈良(なら)です。大阪のゲームを作(つく)る会社で働いています。プロフィールを読(よ)んで、フォローしました。趣味はサッカーを見(み)ることです。スポーツイベントにきょうみがあります。いま日本語を勉強(べんきょう)しています。日本語で話す友達を募集中です。一度(いちど)あいませんか？

Schreiben Sie die Adnominalsätze im Text ab.

1. ____________________ドイツ人です。
2. ____________________のは奈良です。
3. ____________________会社で働いています。
4. 趣味は____________________ことです。
5. ____________________友達を募集中です。

Kulturtipp

Das „Working Holiday"-Programm ist eine staatliche Vereinbarung zwischen Japan und Deutschland. Mit einem Working-Holiday-Visum erhalten deutsche Staatsangehörige (unter 30 Jahren) eine einjährige Aufenthalts- und Arbeitserlaubnis in Japan.

Sprachtipp

とつぜんのメッセージしつれいします (Entschuldigen Sie die unerwartete Nachricht) ist eine typische Floskel, wenn man eine nicht persönlich bekannte Person anschreibt.

Soziale Netzwerke in Japan – mit Höflichkeit, ohne Diskussionen

Über Ländergrenzen hinweg mit anderen befreundet zu sein, ist durch die Verbreitung der sozialen Netzwerke nicht mehr selten. Doch es gibt natürlich auch bei dieser Art der Kommunikation kulturelle Unterschiede.
Japaner erwarten auch in der Cyberwelt oft ein der realen Gesellschaft angemessenes Verhalten: Falls Sie kein Follower der Kontaktperson sind, sollten Sie besser nicht einen Beitrag ohne Begrüßung kommentieren. Wenn Sie jemandem eine Frage gestellt haben, sollten Sie zunächst nicht weiter Ihre Meinung äußern, sondern sich zuerst für die Antwort bedanken. Allgemein vermeiden Japaner Diskussionen in der Öffentlichkeit und nehmen direkte Kritik eher persönlich.

°7

Jetzt sprechen Sie über Hobbys und Stärken. Sie kennen bereits den Ausdruck **Nomen**が好きです／じょうずです. Bilden Sie die gleiche Satzstruktur mit の. Schreiben Sie die Sätze wie im Beispiel um.

Sprachtipp

Da in Japan Bescheidenheit sehr hoch angesehen wird, verwendet man eher den Ausdruck とくい (zufrieden sein) als じょうず (gut können), wenn man seine Stärke benennt. じょうず für sich selbst zu verwenden, klingt etwas arrogant.

Ähnlich funktionieren die Bewertungen にがて (Schwachpunkt) und へた (schlecht können). Mit へた dürfen Sie eine eigene Schwäche benennen. Die andere Person beurteilen Sie besser mit にがて.

例(れい) 1）映画(えいが)をみます　＋　好きです

→ ___映画を見るの___が好きです。

(Kurzform + Nominalisator „の")

1. 本をよみます　＋　好きです。

   → __________が好きです。

2. 友達(ともだち)にあいます　＋　好きです。

   → __________が好きです。

3. 日本語をはなします　＋　とくいです。

   → __________がとくいです。

Nun formulieren Sie die Sätze mit こと.

例 2)　趣味(しゅみ)は **Nomen** です。　＋　映画を見ます

→ 趣味は___映画を見ること___です。

(Kurzform + Nominalisator „こと")

4. 趣味は **Nomen** です。　＋　サッカーを見ます。

   → 趣味は__________です。

5. 趣味は **Nomen** です。　＋　うたいます。

   → 趣味は__________です。

6. 趣味は **Nomen** です。　＋　えをかきます。

   → 趣味は__________です。

8

Schauen Sie die Bilder an und beschreiben Sie die Personen mit Adnominalsätzen.

例. 1. 2. 3.

4. 5. 6.

Sprachtipp

Bei der Personenbeschreibung verwendet man für die Kleidung die Verb-Verlaufsform.

セーターを着る
(einen Pullover anziehen)
↓
セーターを着ています
(Sie hat einen Pullover an.)

例（れい）） まみ ／ しろいワンピース ／ 着る
→ まみさんは、しろいワンピースを着ているひと人です。

1. あきら ／ くろいTシャツ ／ 着る
→ あきらさんは＿＿＿＿＿＿＿＿＿＿人です。

2. しょうこ ／ はながらのスカート ／ はく
→ しょうこさんは＿＿＿＿＿＿＿＿＿＿人です。

3. とおる ／ ジーンズ ／ はく
→ とおるさんは＿＿＿＿＿＿＿＿＿＿人です。

4. いずみ ／ 水たまのぼうし ／ かぶる
→ いずみさんは＿＿＿＿＿＿＿＿＿＿人です。

5. だいち ／ めがね ／ かける
→ だいちさんは＿＿＿＿＿＿＿＿＿＿人です。

6. はると ／ しまのネクタイ ／ する
→ はるとさんは＿＿＿＿＿＿＿＿＿＿人です。

TR. 5

9

Freya und Shohei treffen sich nun zum ersten Mal im Café in Osaka. Bitte hören Sie sich den Dialog mehrfach an.

Sprachtipp

Bei der Verlaufsform ～ています wird im Alltag い gerne weggelassen.

すんでいます
→　すんでます

Freya: はじめまして。フレヤ・シュミットといいます。

Shohei: ぼくは、たかはたしょうへいです。しょうへいとよんでください。

Freya: はい、よろしくおねがいします。

Shohei: フレヤさんはドイツのどこから？

Freya: マインツという町です。フランクフルトの近くです。

Shohei: へえ。いま住んでるのはどこですか？

Freya: 働いてるのは大阪ですけど、住んでるのは奈良です。

Shohei: そうなんですね。ところで、フレヤさんはお仕事で日本へ？

Freya: いいえ、いまワーキングホリデーをしてます。

Shohei: 休みはよく何をしますか。

Freya: そうですね… よくテレビを見ます。サッカーを見るのが好きです。

Shohei: へえ、日本語を話すのがじょうずですね！

Freya: いいえ、それほどでも…

TR. 6

Führen Sie das Gespräch fort und übernehmen Sie Freyas Rolle. Üben Sie den Dialog mit der CD.

Kanji-Fokus

私（わたし）　生（う）まれる　住（す）む　働（はたら）く　人（ひと）

会社（かいしゃ）　仕事（しごと）　趣味（しゅみ）　着（き）る　募集（ぼしゅう）

10

Hören Sie sich die Verben für „anziehen" der verschiedenen Köperteile auf der CD an und sprechen Sie sie nach.

TR. 7

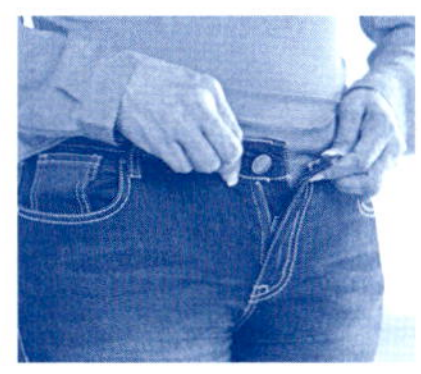

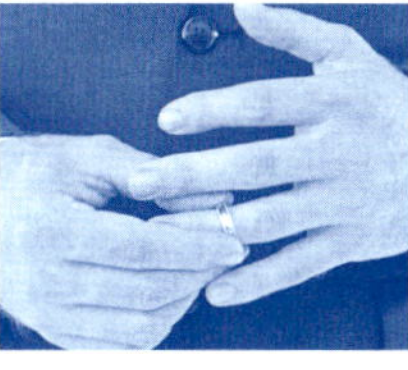

1. 着ています 2. はいています 3. かぶっています 4. しています

11

Shohei hat Freya von seinem Sport-Treff erzählt, und Freya interessiert sich dafür. Er nimmt sie mit zum Treffen und stellt ihr die Leute vor. Schauen Sie das Bild unten an und beschreiben Sie die Leute wie folgt:

例）チェックのスカートをはいている人がしょうこさんです。

例）しょうこ

1. とおる 2. いずみ 3. だいち 4. りか

1. ______________________________
2. ______________________________
3. ______________________________
4. ______________________________

Prüfen Sie Ihre Antwort mit der Audiodatei.

TR. 8

12

Wie viele Moren haben folgende Wörter auf Japanisch? Hören Sie Track 9 und tragen Sie die Morenzahl ein.

TR. 9

例） ich 3

1. Freund _____ 2. Brille _____ 3. wohnen _____ 4. Gast _____

1

TR. 10 Hören Sie sich die Dialoge 1 bis 4 an. Worüber wird gesprochen? Wählen Sie ein Thema aus dem Kasten.

1. ____________ 2. ____________ 3. ____________ 4. ____________

A. 服（ふく） B. かみがた C. カラオケ D. 言葉(ことば)

2

TR. 10 Hören Sie sich die Dialoge 1 bis 4 noch einmal an. Welche Ausdrücke werden als Kompliment verwendet?

1. ____________ 2. ____________ 3. ____________ 4. ____________

A. にあってる B. たいしたもの C. 上手(じょうず)
D. いい色(いろ) E. すてき F. すごい

3

TR. 11 Hören Sie sich nun verschiedene Komplimente an. Sprechen Sie nach.

Sprachtipp

Die Endung ～そう als Vermutung verhält sich wie ein な Adjektiv.

おいしそうなケーキ

高そうな服

Fähigkeiten

上手ですね！	すごいですね！	たいしたものですよ
うらやましいよ	あたまがよさそうだね	

Aussehen

にあってますよ	すてきですね	いい色ですね
おしゃれですね	かわいいね	かっこいいね
やさしそうですね	高そうですね	おいしそう

Zwei Funktionen von ～そうです

1. Adjektivstamm + そうです → **Vermutung aufgrund eines visuellen Eindrucks**

このケーキはおいしそうです。 Dieser Kuchen sieht lecker aus!

2. Kurzform + そうです → **Hörensagen**

このケーキはおいしいそうです。 Ich habe gehört, dass dieser Kuchen lecker ist.

4

Hören Sie sich die Dialoge 1 und 2 an. Welche Reaktion zeigen die Personen? Wählen Sie jeweils die richtigen Antworten aus den drei Wörtern in den Klammern.

TR. 12

1.

Shohei: フレヤさんはたくさん言葉が話せるそうですね。

Freya: ええ、(Aさあ Bまあ Cそう)…。
中国語(ちゅうごくご)とドイツ語と英語(えいご)とフランス語ができます。

Shohei: (Aへえ Bいえ Cさあ)、そんなに！ 頭(あたま)がいいなあ。

Freya: (Aそう Bいえ Cさあ)、とんでもない。

2.

Freya: 祥子(しょうこ)さんの彼氏(かれし)、かっこいいそうですね。

Shoko: (Aそう Bいえ Cまあ)、それほどでもないですよ…

Freya: これ、しゃしんですか？
(Aわあ Bさあ Cそう)！
やさしそうな人じゃないですか！

Shoko: (Aへえ Bいや Cまあ)、そんな…

Kulturtipp

Die japanische Gesellschaft lebt mit Bescheidenheit. Daher bekommen Sie zunächst eine negative Antwort, wenn Sie einen Japaner loben.
Wenn Japaner über ihre eigene Familie oder Partner erzählen, werden sie oft mit negativen Ausdrücken beschrieben. Dies nennt man けんそん。

5

Es gibt Laute, die selbst keine Silbe bilden, aber einem Kana entsprechen. Sie sind auch Moren und nehmen die gleiche Zeitdauer ein wie andere Moren. Hören Sie aufmerksam zu.

TR. 13

1. lange Vokale
   さようなら (Auf Wiedersehen) = ♪♪♪♪♪
   Sie müssen lange Vokale doppelt so lang aussprechen wie kurze.

2. Konsonant ん かんばん (Schild) = ♪♪♪♪
   Der Laut "n" muss deutlich und langsam ausgesprochen werden.

3. Doppelkonsonant „ss" „tt" „kk" „pp" „cc"
   きって (Briefmarken) = ♪♪♪
   カップ (Tasse) = ♪♪♪
   Beim kleinen っ bzw. ッ muss eine kurze Pause gemacht werden.

6

Lesen Sie folgende Texte. Handelt es sich um ein Kompliment?

		JA	NEIN
1.	いえ、とんでもないです。	☐	☐
2.	その色、にあっているね。	☐	☐
3.	新しいヘアスタイルですね。かっこいいです。	☐	☐
4.	いえ、それほどでもないです…	☐	☐
5.	日本語、すごく上手になったね。	☐	☐
6.	いいえ、まだまだです。	☐	☐

7

Lesen Sie folgende Restaurantkritik. Umrahmen Sie die positiven Kommentare und unterstreichen Sie die negativen.

1.

寿司春　　　　　　ジャンル：
★★★★☆ ４．０ （料理４．５｜サービス３．５）
値段：夜￥４０００-１００００ 昼￥２０００-４０００

ゆったりすわれて、雰囲気(ふんいき)がいい店(みせ)です。店主(てんしゅ)も話(はな)しやすいです。そして、居心地(いごこち)がいいです。もちろんお寿司も絶品(ぜっぴん)！ 少(すこ)し高いですが、ランチはリーズナブル。お勧(すす)めのお店です。

2.

コサムイ　　　ジャンル：タイ料理
★★★☆☆ ４．０ （料理４｜サービス２）
値段：夜￥３０００-４０００ 昼￥１０００-２０００

今年(ことし)オープンした、本格(かく)タイ料理(りょうり)のこじんまりした店です。お勧(すす)めはランチで、グリーンカレーが人気(にんき)です。サービスがおそいですが、味(あじ)は保証(ほしょう)します。ちょっと見(み)つけにくいので注意(ちゅうい)。

Suffix ～やすい　～にくい

Verb-Masuform-Stamm + やすい　=　leicht zu ..., angenehm zu ...

のみます　＋　やすい　=　のみやすい　angenehm zu trinken

Verb-Masuform-Stamm + にくい　=　schwer zu ...

よみます　＋　にくい　=　よみにくい　schwer zu lesen

8

Wählen Sie die richtige Antwort anhand der vorausgegangenen Kritik.

1. 寿司春のジャンルは　A タイ料理　B 寿司　だ。
2. A 寿司春　B コサムイ　の昼（ひる）の値段（ねだん）は１０００から２０００円だ。
3. コサムイのサービスのポイントは　A ２ポイント　B ２.５ポイント　だ。
4. 寿司春は　A 雰囲気がいい　B こじんまりした　店だ。
5. コサムイはグリーンカレーが　A 絶品　B 人気　だ。
6. 寿司春の店主は　A 見つけにくい。　B 話しやすい。

Kanji-Fokus

服（ふく）　言葉（ことば）　料理（りょうり）　色（いろ）　上手（じょうず）

話す（はな）　英語（えいご）　人気（にんき）　高い（たか）

安い（やす）　頭がいい（あたま）

 4

Verwendung von んです

Wenn Sie mehr Erklärungen zu etwas abgeben möchten, das soeben gesagt worden ist, verwenden Sie die Endung „～んです". Diese Endung wird an die Kurzform gehängt:

行きます → 行くんです　　かわいいです → かわいいんです
行きです → 好きなんです　　彼氏です → 彼氏なんです

° 9

Schreiben Sie die Aussagen unter Verwendung von ～んです um.

例） A: あれ？　かみがたかえた？　にあってるね。
B: ええ、すこしきったんです。＿＿（すこしきりました）

1. A: その服、いい色ですね。
B: ええ、＿＿＿＿＿＿＿＿（好きな色です）

2. A: 英語がじょうずですね。
B: ええ、NYに＿＿＿＿＿＿＿＿（住んでいました）

3. A: そのかばん、すてきですね。
B: ええ、＿＿＿＿＿＿＿＿（彼氏(かれし)にもらいました）

° 10

Sprachtipp

Ausnahme für ～そう：

いい → よさそう

Sprachtipp

Durch Beobachtung sichtbare Eigenschaften können nicht mit ～そう (Vermutung) ausgedrückt werden.

○このこはかわいいです

×このこはかわいそうです。

Schreiben Sie die Aussagen unter Verwendung von ～そう um. Achten Sie darauf, ob es sich um Hörensagen oder eine Vermutung handelt.

例） この料理は おいしそう （おいしい） です。　Eindruck
この料理は おいしいそう （おいしい） です。　Hörensagen

1. このレストランは＿＿＿＿＿＿（安い） です。
Vermutung

2. フレヤさんは＿＿＿＿＿＿（頭がいい） です。
Vermutung

3. やまださんのこどもは＿＿＿＿＿＿（かわいい） です。
Hörensagen

11

Schreiben Sie die passenden Wörter aus dem Kästchen in der richtigen Form in die Lücke und markieren Sie やすい oder にくい dahinter.

例）ハンバーガーは＿食べ＿ (A やすい B にくい)です。

1. このかるいコートは＿＿＿＿ (A やすい B にくい)です。
2. この難(むず)しい本は＿＿＿＿ (A やすい B にくい)です。
3. この小(ちい)さいくつは＿＿＿＿ (A やすい B にくい)です。
4. リュックサックは＿＿＿＿ (A やすい B にくい)です。

食(た)べる　読(よ)む　着る　はく　持つ

12

Sie haben eine Restaurantkritik gelesen und berichten Ihren Freunden davon. Schreiben Sie die Sätze in der Kritik unter Verwendung von ～そう um.

1. 「かごや」のラーメンはおいしいです。
2. 昼(ひる)にはたくさんの人がきます。
3. おすすめはしょうゆラーメンです。

1. ＿＿＿＿＿＿＿＿＿＿そうです。
2. ＿＿＿＿＿＿＿＿＿＿そうです。
3. ＿＿＿＿＿＿＿＿＿＿そうです。

13

TR. 14 Hören Sie sich die Wortpaare an und sprechen Sie sie nach. Achten Sie dabei auf den Rhythmus.

		kurz		lang
lange Vokale				
	1.	おばさん (Tante) ♪♪♪♪	–	おばあさん (Oma) ♪♪♪♪♪
	2.	ここ (hier) ♪♪	–	こうこう (Oberschule) ♪♪♪♪
Konsonant ん				
	3.	いけ (Teich) ♪♪	–	いけん (Meinung) ♪♪♪
	4.	あき (Herbst) ♪♪	–	あんき (auswendig lernen) ♪♪♪
Doppelkonsonant				
	5.	かこ (Vergangenheit) ♪♪	–	かっこ (Klammer) ♪♪♪
	6.	きて (komm her!) ♪♪	–	きって (Briefmarken) ♪♪♪

14

TR. 15 Hören Sie sich den Dialog mehrfach an und sprechen Sie nach.

Shoko: フレヤさん，きれいな色の服ですね。にあってますよ。

Freya: ありがとうございます。

Shoko: もしかしてデートですか？

Freya: ええ、まあ…　しょうへいさんとデートなんです。

Shoko: わあ！　いいですねえ。フレヤさんきれいだから、
しょうへいさんは好きになったんですね。

Freya: いえ、そんな…

Shoko: たくさん言葉が話せて頭もよさそうですよね。

Freya: とんでもない。

TR. 16 Üben Sie den Dialog mit der CD. Übernehmen Sie Freyas Rolle.

15

Vervollständigen Sie den Dialog mit den Sätzen im Kästchen. Hören Sie sich den Dialog an und kontrollieren Sie Ihre Angaben. Sprechen Sie nach.

TR. 17

2

Shohei: お！　新しい髪型だね！

Freya: ええ、1. ______________________

Shohei: いいね。

Freya: 2. ______________________

Shohei: かばんもおしゃれだね。

Freya: ええ、3. ______________________

Shohei: あ、ぼくおべんとうつくってきたよ。見てよ！

Freya: 4. ______________________

Shohei: 毎日料理しているからね。

Freya: 5. ______________________

Shohei: いや、それほどでもないよ。

Freya: 6. ______________________

a. へえ、とくいなんですね！
b. わあ！　おいしそう！
c. きのう美容院（びよういん）に行ったんです。
d. いやいや、すごいですよ。
e. 使いやすいんですよ。
f. ありがとうございます。

TR. 18 **1**

Kulturtipp

In japanischen Handys ist meistens ein Frühwarnsystem integriert. Das System meldet sich mit einem Alarm kurz vor einem Erdbeben. Wenn die Meldung während der Zugfahrt kommt, geben plötzlich viele Handys in Ihrer Umgebung Alarm. Bleiben Sie ruhig und fragen Sie die Leute, was für eine Meldung es war!

なんのアラームですか？

Was für ein Alarm war das?

Nicht überall auf der Welt ist die Natur freundlich und ruhig. Japan gilt als Land, in dem die Natur oft ihr wildes Gesicht zeigt. In dieser Lektion erfahren Sie viel über Naturkatastrophen in Japan. Hören Sie die CD und merken Sie sich folgende Wörter.

1. 地震
2. 台風
3. 火事
4. 津波
5. 警報（けいほう）
6. 避難
7. 非常口
8. 安全

TR. 19 **2**

Hören Sie die vier Warnmeldungen auf der CD. Um welche Ereignisse geht es? Tragen Sie zu jeder Meldung die entsprechende Katastrophe ein.

1. ______________	A 地震（じしん）
2. ______________	B 台風（たいふう）
3. ______________	C 津波（つなみ）
4. ______________	D 火事（かじ）

Projekt „Vereinfachtes Japanisch" — やさしいにほんご —

Durch das Erdbeben und die folgende Tsunami-Flutwelle in der Tohoku-Region 2011 kamen mehr als 15.000 Menschen ums Leben, darunter auch Nichtmuttersprachler. Daher wurde in Frage gestellt, ob die Warnmeldungen verständlich genug formuliert wurden und wie ihre Ausdrücke für die Japanisch-Anfänger leichter zu verstehen sind. Aufgrund dieses Risikos wurde dem Projekt „Vereinfachtes Japanisch" nach der dreifachen Katastrophe von 2011 größere Aufmerksamkeit geschenkt. Jedoch wurde es schon nach dem großen Erdbeben in der Kansai-Region (1995) ins Leben gerufen. Das Projekt gibt eine Richtlinie vor, wie man für Anfänger verständlich auf Japanisch informieren kann. Schon bei der nächsten Tsunami-Warnung wurde dies berücksichtigt. Vereinfachtes Japanisch verbreitet sich nun auch in der Touristik-Branche.

3

TR. 19

Hören Sie die Warnmeldungen noch einmal. Beachten Sie dabei folgende Anweisungen.

1. 逃げてください	Fliehen Sie!
2. …の近くに行かないでください	Gehen Sie nicht in die Nähe von …
3. …からはなれてください	Halten Sie Abstand von …
4. …を使わないでください	Benutzen Sie … nicht!

4

TR. 20

Freya hat vor Erdbeben große Angst und fragt deshalb bei Shoko nach, wie sie sich während eines Erdbebens verhalten soll. Hören Sie die CD und unterstreichen Sie die Sätze, in denen es um Vorsichtsmaßnahmen bei Erdbeben geht.

Freya: 地震が来(く)る前(まえ)に、何(なに)をしておきますか？

Shoko: そうですね。水と食べ物を買(か)っておきます。
店(みせ)に物が来(こ)ないことがありますからね。

Freya: そうですか。電気(でんき)は来ますか？

Shoko: 止まることもありますよ。
かいちゅうでんとうとラジオをじゅんびしておきましょう。
全部(ぜんぶ)いっしょにかばんに入(い)れておくのがいいです。

Freya: なるほど。ほかには？

Shoko: 地震の時(とき)はよく家具(かぐ)がたおれます。
大(おお)きな家具は、ねる部屋(へや)におかないでください。

Freya: わかりました。

Shoko: 火事の時は「避難所(じょ)」にすぐに逃げてくださいね。
避難所の場所(ばしょ)をしらべておきましょう。

Sprachtipp

Ausdrücke wie そうですか、なるほど und わかりました dienen als sogenannte „Aizuchi (wörtl. „abwechselnder Hammerschlag") im Gespräch. Mit diesen Phrasen können Sie dem Gesprächspartner Rückmeldungen geben, dass Sie ihm zuhören. Tun Sie das nicht, fühlt man sich unsicher und spricht nicht weiter. Auch am Telefon sollten Sie diese benutzen.

°5

Kulturtipp

In Japan gibt es regelmäßig Katastrophenschutzübungen in Schulen, Firmen, etc. mit Schwerpunkt u.a. auf Erdbebenschutz. Man kennt sich in Japan in solchen Fällen gut aus. Am besten machen Sie es den Einheimischen nach.

Sprachtipp

Weitere wichtige Wörter für den Katastrophenfall:
余震（よしん）
Nachbeben
震度（しんど）
Erdbebenstärke
マグニチュード
Magnitude
ゆれ
Beben
たいいくかん
Turnhalle
こうずい
Überschwemmung

Hier sehen Sie verschiedene Warnmeldungen aus dem Fernsehen. Sie werden vielleicht noch nicht alle Schriftzeichen verstehen – hier üben Sie, die relevanten Informationen herauszufiltern. Schreiben Sie die betreffenden Katastrophenfälle auf.

1. ______________
2. ______________
3. ______________
4. ______________

A Erdbeben
B Taifoon
C Zufluchtsort
D Tsunami

Kanji-Fokus

じしん 地震	つなみ 津波	ひなん 避難	たいふう 台風
かじ 火事	あんぜん 安全	ちゅうい 注意	た もの 食べ物
かぐ 家具	ちか 近く	ひじょうぐち 非常口	

6

Lesen Sie einen Auszug aus den Verhaltensregeln bei Erdbeben und beantworten Sie die Fragen.

①【家の中】
テーブルの下にはいってください。上から物がおちます。家具もたおれますから、注意してください。ゆれている時はうごかないでください。

②【外に逃げる】
だいどころの火をけしてください。ブレーカーのスイッチをＯＦＦにしてください。火事になりますから。

③【外にいるとき】
ビルの近くは、まどガラスがわれておちます。かばんで頭をまもってください。ブロックのへい、じどうはんばいきはたおれます。はなれてください。山や川の近くにいかないでください。

④【家がこわれた時】
家がこわれた時は、避難所にいきます。安全ですから。そこにしばらくとまります。たくさんの人がいます。

Kulturtipp

Viele Gemeinden bieten auf ihrer Website Informationen für Verhaltensregeln bei Erdbeben in verschiedenen Fremdsprachen an: z. B. die Website vom Bureau of Citizens and Cultural Affairs. Dort findet man z. B. Informationen über Fluchtwege oder Sammelpunkte usw.

Zu ①: Warum sollen Sie unter dem Tisch Schutz suchen? Finden Sie zwei Gründe im Text.

______________________, ______________________

Zu ②: Was sollen Sie tun, um einen Brand zu vermeiden? Unterstreichen Sie die genannten Maßnahmen im Text.

Zu ③: Wovon sollte man Abstand halten? Nennen Sie fünf Orte oder Gegenstände.

____

____

Zu ④: Wo sollen Sie hingehen, wenn Ihre Wohnung unbewohnbar geworden ist?

____

7

Was könnte mit den Gegenständen bei einem Erdbeben passieren? Wählen Sie die passenden Verben.

1. 家
- ☐ A 落ちる
- ☐ B ゆれる
- ☐ C 割れる

2. 物
- ☐ A はなれる
- ☐ B ゆれる
- ☐ C 落ちる

3. 家具
- ☐ A たおれる
- ☐ B 割れる
- ☐ C 逃げる

4. まどガラス
- ☐ A ゆれる
- ☐ B たおれる
- ☐ C 割れる

8

Sprachtipp

Die Partikel から hat zwei wichtige Funktionen:

1. Begründung
きょうはいそがしいです。あしたテストがありますから。
Ich bin heute beschäftigt. Weil ich morgen eine Prüfung habe.

2. Ausgangspunkt
えきからだいがくまでバスで行きます
Ich fahre vom Bahnhof zur Uni. Mit dem Bus.

Was sollen Sie bei einem Erdbeben nicht tun? Schreiben Sie die Verben in der passenden Form. **(Kurzform-Verneinung + naide kudasai)**

例）ねる → 本だなの前で 寝ないでください。
本が落ちますから。

1. 行く → 海の近くに ______
津波が来ますから。

2. つかう → 火を ______
火事になりますから。

3. 逃げる → 車で ______
道に色々な物がたおれていますから。

Negativer Imperativ

Um jemanden höflich aufzufordern, etwas nicht zu tun, kann man die negative Verb-Kurzform mit der Endung でください verwenden.

食べます → 食べないでください。
Bitte essen Sie nicht!

9

Welche Vorsorgemaßnahmen sollen Sie für den Fall eines Erdbebens ergreifen? Schreiben Sie die Verben in der passenden Form.

例） 買う → 食べ物と水を かっておきます。
(Te-form + okimasu)

1. 見（み）る → 地図（ちず）で避難所（じょ）を ____________________
2. する → 部屋（へや）の中（なか）を安全に ____________________
3. しらべる → 家族（かぞく）にメッセージをするサービスを ____________________

～ておく

Wenn der Te-Form eines Verbs ein Hilfsverb おく folgt, wird eine Vorbereitungsaktivität für etwas beschrieben, was zu einem bestimmten Zeitpunkt nötig ist.

買う → 食（た）べ物（もの）を買っておきます。
Ich kaufe mir das Essen (vorher).

～ておく wird in der Umgangssprache oft zu ～とく gekürzt.

買っておく → 買っとく　　買っておきます → 買っときます。

 TR. 20 **10**

1. Hören Sie den Dialog zwischen Freya und Shoko von Track 20 noch einmal. Hier lesen Sie einen ganz ähnlichen Dialog, aber dieses Mal zwischen Freya und Shohei. Freyas Rolle ist die gleiche. Welche Wörter hören Sie an den leeren Stellen?

Freya: 地震が来る前に、何をしておきますか？

Shohei: そうだね。水と食べ物を買っとく。
店に物が来ないことがあるからね。

Freya: ____________。電気は来ますか？

Shohei: 止まることもあるよ。
ラジオと懐中電灯をじゅんびしておこう。
全部いっしょにかばんに入れておくのがいいよ。

Freya: ____________。他には？

Shohei: 地震の時はよく家具がたおれるね。
大きな家具は、寝る部屋に置かないで。

Freya: ____________。

Shohei: 家がこわれた時は「避難所」に逃げて。
避難所の場所を調べておこう。

2. Im obigen Dialog spricht Shohei informell. Vergleichen Sie den Dialog mit dem Dialog zwischen Freya und Shoko von Track 20.

3. Nun übernehmen Sie Freyas Rolle und sprechen Sie mit!

Notfallgepäck

- Wasser ミネラルウォーター
- haltbares Essen 保存食（ほぞんしょく）
- Verbandkasten, Medikamente 救急箱（きゅうきゅうばこ）、常備薬（じょうびやく）
- Helm ヘルメット、防災頭巾（ぼうさいずきん）
- Maske マスク
- Arbeitshandschuhe 軍手（ぐんて）
- Taschenlampe 懐中電灯（かいちゅうでんとう）
- Kleidung 着替（きがえ）
- Radio, Batterie ラジオ、電池（でんち）
- Handy, Ladegerät 携帯電話（けいたいでんわ）、充電器（じゅうでんき）
- feuchte Tücher ウェットティッシュ
- Decke 毛布（もうふ）
- tragbare Toilette 携帯（けいたい）トイレ

11

TR. 21

1. Es gibt tatsächlich ein Erdbeben. Freya hat in ihrer Panik alle Verhaltensregeln vergessen. Überlegen Sie, welche Hinweise Shohei an den leeren Textstellen gibt. Gegebenenfalls lesen Sie in den vorherigen Übungen nach.

Freya: あっ、地震！

Shohei: おちついて！　テーブルの下(した)に＿＿＿＿＿＿＿＿＿＿

Freya: こわい！　こわい！　こわい！

Shohei: ゆれている時(とき)は＿＿＿＿＿＿＿＿ないで！　あぶない！

Freya: あ、もうゆれていませんね！　電気(でんき)が消(き)えました。ろうそくをつけましょう。

Shohei: まって＿＿＿＿＿＿＿＿ないで！
火事はこわいですよ。

Freya: そうだ！　家族(かぞく)に電話します。

Shohei: まって！　＿＿＿＿＿＿＿＿ないで！
インターネットのサービスをつかおう。

2. Hören Sie den Dialog und überprüfen Sie Ihre ergänzten Textstellen.
3. Nun übernehmen Sie Shoheis Rolle und üben Sie den Dialog mit der CD.

Kulturtipp

Eine Tsunamiwarnung über 50 cm Höhe hört sich vielleicht harmlos an, bedeutet aber aufgrund der starken Strömung schon Lebensgefahr. Man sollte unbedingt einen sicheren höher gelegenen Ort aufsuchen oder sich zumindest irgendwo festhalten. Autos werden in dieser Höhe schon weggespült. Tsunamis mit einer Höhe von 1 m sind in der Regel tödlich.

12

TR. 22

Japanisch hat einen melodischen Akzent. Jede Mora besitzt eine eigene relative Tonhöhe: Hoch (H) oder Tief (L). Hören Sie aufmerksam zu.

Drei Akzentmuster im Japanischen

1. さくら (Kirschblüten) — steigend
   L H H
2. ここ˥ろ (Herz) — steigend-fallend
   L H ˥ L
3. な˥みだ „Träne“ — fallend
   H ˥L L

Wenn die Tonhöhe von H zu L sinkt, wird die hohe Mora direkt vor der tiefen Mora als akzenttragende Mora betrachtet (hier durch ˥ markiert).

Kulturtipp

Im Katastrophenfall funktioniert i. d. R. das Telefonnetz nicht mehr. Für diesen Fall gibt es eine Notrufnummer, 171, unter der man Nachrichten hinterlassen kann. Hierzu gibt es bei NTT (Nippon Telegraph and Telephone Corporation) im Internet Informationen.

1

TR. 23 Nach dem Erdbeben sieht das Zimmer sehr chaotisch aus. Freya und Shohei gehen nach draußen. Wie sieht die Stadt nun aus? Hören Sie die Beschreibungen.

Sprachtipp

…ている als Zustandsbeschreibung:
Im Power-Sprachkurs Japanisch für Anfänger haben Sie den Ausdruck in Kombination mit den Handlungsverben als Verlaufsform gelernt. Taucht ein Ereignisverb mit ている auf, beschreibt dies, dass der durch das Verb geänderte Zustand noch andauert.
おちる fallen
おちている etwas ist gefallen und liegt immer noch dort

Freya: 部屋（へや）がめちゃくちゃです。
コーヒーが落（お）ちてゆかがよごれてしまいました。

Shohei: 電気（でんき）とガスも止（と）まってしまいましたね。避難所に行（い）きましょう。

Freya: あ、まどガラスがわれて、落（お）ちています。あぶないですね。

Shohei: 電車（しゃ）も止まってしまいました。あ、木もたおれていますね。
道（みち）がふさがってしまいましたね。あのレストランに行ってみましょうか。

Freya: でも、とても混（こ）んでいますよ。

Shohei: ほかの店は閉（し）まっていますからね。
みんな一つの店に集（あつ）まってしまいます。

2

TR. 24 Freya unterhält sich mit ihrem Vermieter über Erdbeben. Der Vermieter hat auch das große Erdbeben in Kobe im Jahr 1995 erlebt und erzählt davon. Hören Sie den Dialog und passen Sie auf die Adjektive in Klammern auf. Welche Endung bekommen sie?

Freya: あ、大家（おおや）さん！

Vermieter: ああ、フレヤさん。大きい地震だったね！

Freya: ええ。町（まち）がめちゃくちゃですね。

Vermieter: そうだね。でも、きっとまた（きれい）________よ。
むかし神戸で大きい地震があって、僕（ぼく）はそこにいたんだ。
たくさん家がこわれて、橋（はし）も落（お）ちてしまったけど、
今（いま）は（新（あたら）しい）________よ。

Freya: そうですか… 私は今地震でとてもショックです。

Vermieter: なあに、また（元気（げんき））________よ！

3

TR. 25

Freya möchte gerne in Osaka und Umgebung Ausflüge machen und fragt Shoko nach lohnenden Ausflugszielen. Hören Sie zuerst Shokos Erklärungen und prägen Sie sich die Wörter in den roten Kästchen ein. Hören Sie dann die Erklärungen noch einmal und geben Sie im Kästchen an, welche der untenstehenden Adjektive für welche Orte verwendet wurden.

A 大きい – B 若(わか)い – C おいしい – D おしゃれ –
E かわいい – F おもしろい – G 楽(たの)しい – H きれい –
I にぎやか – J 有名 – K 古い – L 安い – M 静(しず)か – N 高い

千日前(せんにちまえ) □□□

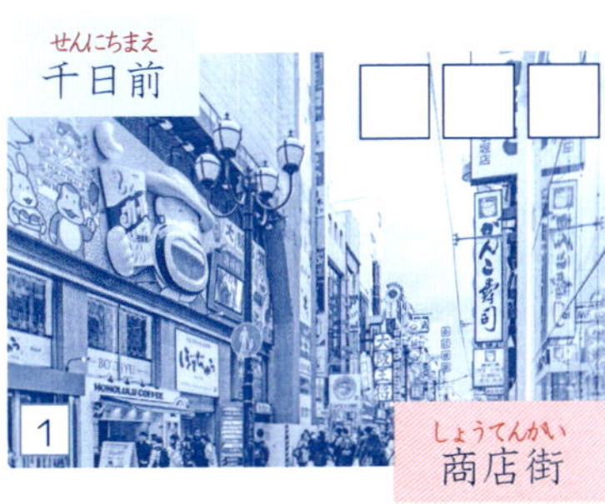

1 商店街(しょうてんがい)

アメリカ村(むら) □□□

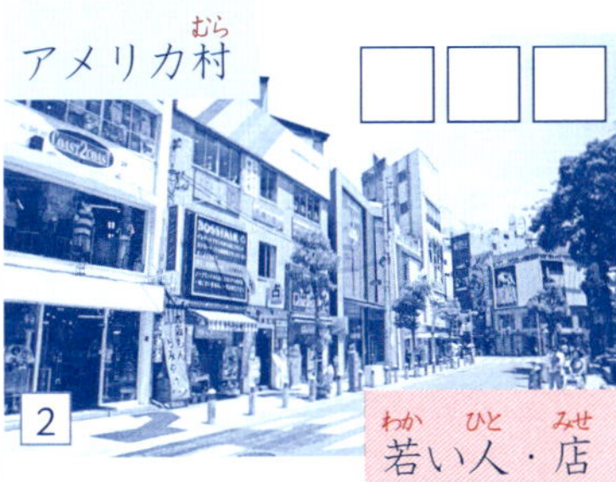

2 若(わか)い人(ひと)・店(みせ)

大阪城(おおさかじょう) □□□

3 お城(しろ)・コンサートホール

ユニバーサルスタジオ □□□

4 テーマパーク

奈良(なら) □□□

5 お寺(てら)

道頓堀(どうとんぼり) □□□

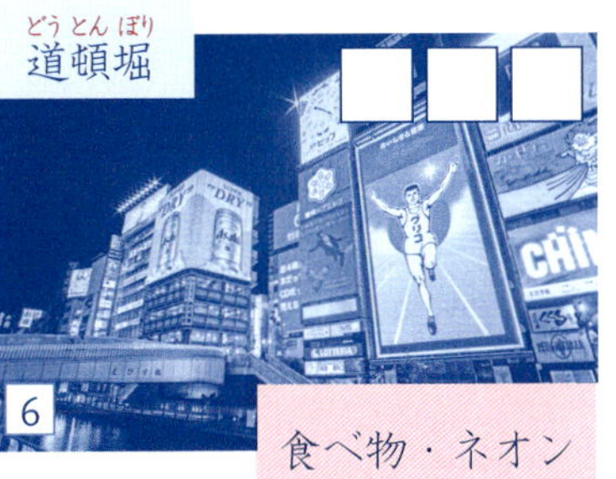

6 食べ物・ネオン

Kulturtipp

Die Geschichte dieses Buches spielt zum Teil im sogenannten Kansai-Gebiet. Das Gebiet liegt in der Mitte Japans. Im Zentrum liegen vier bekannte Städte nah beieinander, Osaka, Kobe, Kyoto und Nara. Die vier Städte weisen einen unterschiedlichen Charakter auf und sind gut durch den öffentlichen Verkehr verbunden. Man braucht von Stadt zu Stadt ca. eine halbe Stunde mit dem Zug.

4

Freya hat einen Erfahrungsbericht in ihrem Blog veröffentlicht. Lesen Sie den Text und prüfen Sie die untenstehenden Aussagen.

きのうの地震は大(おお)きかったです。私の部屋はめちゃくちゃです。コーヒーカップが落ちてゆかがよごれてしまいました。本だなもたおれてしまいました。電気とガスも止まってしまいました。だから、避難所に行きました。

外(そと)では、まどガラスが割(わ)れて、道(みち)に落ちていました。駅では電車も止まっていました。木がたおれていて、避難所に行く道がふさがってしまっていました。だから、開いているレストランに行きました。ほかの店は閉(し)まっていました。みんな一つの店に集(あつ)まってしまって、とても混(こ)んでいました。

		Richtig	Falsch
1.	Der Boden ist mit Kaffee beschmutzt.	☐	☐
2.	Das Bücherregal ist stehen geblieben.	☐	☐
3.	Sie ist zum Zufluchtsort gegangen.	☐	☐
4.	Die Fensterscheibe in ihrem Zimmer ist zerbrochen.	☐	☐
5.	Es fährt kein Zug mehr.	☐	☐
6.	Viele Restaurants haben geöffnet.	☐	☐

Te-Shimau

〜てしまう betont, dass eine Handlung beendet ist:

1. die Aktivität ist schnell vollständig erledigt.
   もうしごとをしてしまいました。
   Ich habe all meine Arbeit erledigt.
2. Ausdruck einer Unwiderruflichkeit oder Reue des Sprechers.
   ふくがよごれてしまいました。
   Meine Kleidung ist leider schmutzig geworden.

5

Lesen Sie nun die Erklärung von Shohei und markieren Sie die verbundenen Adjektive.

1. ここは千日前(せんにちまえ)です。道具屋筋(どうぐやすじ)という商店街(しょうてんがい)があります。安くておもしろいものが売(う)っています。
2. ここはアメリカ村(むら)です。わかい人がたくさんいます。おしゃれでかわいいみせがあります。
3. ここは大阪城公園(おおさかじょうこうえん)です。古(ふる)くて有名なお城(しろ)があります。大きいコンサートホールもあります。
4. ここはユニバーサルスタジオという遊園地(ゆうえんち)です。にぎやかで楽(たの)しいです。でも、ちょっと高いです。
5. ここは奈良(なら)です。しずかできれいな町です。古いお寺(てら)があって、しかがたくさんいます。
6. ここは道頓堀(どうとんぼり)です。安くておいしい食べ物があります。ネオンもきれいです。

Kulturtipp

Der Charakter der Stadt Osaka wird mit dem Ausdruck くいだおれ (Fressen bis zum Umfallen) dargestellt, genauso die Stadt Kyoto mit dem Wort きだおれ (Kleidung anziehen bis zum Umfallen) und die Stadt Kobe はきだおれ (Laufen, bis die Schuhe kaputt gehen). Die Ausdrücke zeigen, worauf Menschen in den Städten Wert legen. Die Menschen aus Nara beschreibt man als ruhig und friedlich, ähnlich dem großen Buddha, der bekannten Sehenswürdigkeit in Nara.

Te-Form des Adjektivs

Wie die Verben können japanische Adjektive durch die Te-Form verknüpft werden:

I-Adj. やすい → やすくて　　おいしい → おいしくて

Bsp.: このレストランはやすくておいしいです。

Das Essen des Restaurants ist billig und lecker.

Na-Adj. きれい → きれいで　　ゆうめい → ゆうめいで

Bsp.: ここはきれいでゆうめいなおしろです。

Hier ist ein schönes und bekanntes Schloss.

6

Schreiben Sie die Verben wie im Beispiel um.

例） よごれる → よごれてしまいました

1. とまる →
2. たおれる →
3. おちる →
4. あつまる →
5. ふさがる →

7

Bitte schreiben Sie die Adjektive wie im Beispiel um.

例） きれいな → きれいになりました

1. あたらしい →
2. すくない →
3. 有名な →
4. げんきな →

Kanji-Fokus

部屋（へや）　駅（えき）　電車（でんしゃ）　店（みせ）　町（まち）　公園（こうえん）

有名（ゆうめい）　古（ふる）い　大（おお）きい　小（ちい）さい　安（やす）い

8

Bilden Sie mit den beiden Adjektiven einen Satz.

例） やすい ＋ おもしろい → やすくておもしろいです。

1. かわいい ＋ おしゃれ → ____________________
2. 有名 ＋ 古い → ____________________
3. たのしい ＋ にぎやか → ____________________
4. きれい ＋ しずか → ____________________
5. おいしい ＋ 安い → ____________________

9

Vervollständigen Sie die Sätze mit zwei Adjektiven bzw. mit passenden Orten.

1. とうきょうは____________________
2. アルプスは____________________
3. ベルリンは____________________
4. ____________________はおしゃれで有名な町です。
5. ____________________は安くてたのしいです。
6. ____________________は古くてきれいな町です。

10

TR. 26

Beschreiben Sie die Stadt nach dem Erdbeben wie im Beispiel. Hören Sie sich danach die CD an, kontrollieren Sie Ihre Antwort und sprechen Sie nach.

例）

A: 地震のあと、町はどうなりましたか。

B: 電車がとまってしまいました。（電車がとまる）

1.

A：地震のあと、町はどうなりましたか。

B: ______________________________しまいました。（木がたおれる）

2.

A：地震のあと、町はどうなりましたか。

B: ______________________________しまいました。（みちがふさがる）

3.

A：地震のあと、町はどうなりましたか。

B: ______________________________しまいました。（はしがおちる）

4.

A：地震のあと、町はどうなりましたか。

B: ______________________________しまいました。（店がぜんぶしまる）

11

TR. 27

Im Japanischen haben die erste und die zweite Mora immer unterschiedliche Tonhöhen. Hören Sie diesen Tonwechseln aufmerksam zu und sprechen Sie die Wörter nach.

Sprachtipp

Wenn die Tonhöhe innerhalb eines Wortes sinkt, steigt sie nicht wieder.

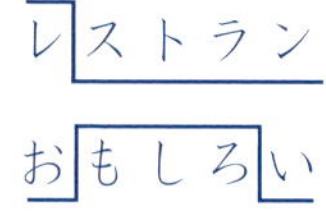

ゆうえんち

しずか

12

Hören Sie die CD und sprechen Sie nach. Ergänzen Sie die Lücken.

TR. 28

1. ここは千日前（せんにちまえ）です。道具屋（どうぐや）すじという______________があります。

   ______________物がうっています。

2. ここはアメリカ村です。__________がたくさんいます。

   ______________店があります。

3. ここは大阪城公園です。______________お城が

   あります。大きい______________もあります。

4. ここはユニバーサルスタジオという______________です。

   ______________です。でも、ちょっと__________です。

5. ここは奈良です。______________町です。

   ______________があって、しかがたくさんいます。

6. ここは道頓堀です。______________食べ物があります。

   ______________もきれいです。

Kulturtipp

Japanische Straßen kennen im Grunde genommen keine Straßennamen. Allein aufgrund der Adresse den Zielort zu finden, ist nicht einfach.

Aber in vielen Stadtteilen gibt es „Koban“ (Polizeihäuschen), wo man einen Polizisten nach dem Weg fragen kann.

13

Beschreiben Sie mündlich Berlin mit dem untenstehenden Satzmuster.

私の町は______________という町です。

______________があります。

______________（大きい・おもしろい）です。ぜひ、一度（いちど）来（き）てください。

Sprachtipp

Im Kansai-Gebiet wird der „Kansai-Dialekt“ gesprochen. Ein besonders auffälliges Merkmal ist die genau umgekehrte Akzentuierung der Wörter.

Beispiel:

(Tokioter Japanisch)

はし Brücke

はし Essstäbchen

(Kansai-Dialekt)

はし Essstäbchen

はし Brücke

1

TR. 29 Hören Sie sich die kurzen Einkaufsdialoge an. Wie werden die Gegenstände gezählt? Wählen Sie die passenden Zählwörter!

Sprachtipp

Gegenstände müssen im Japanischen klassifiziert werden, bevor man sie zählen kann. Dafür braucht man die passenden Zählwörter nach den Zahlen. Die Zahl steht dann hinter dem Bezugswort. Zu jeder Objektart gehört ein bestimmtes Zählwort.
Flache Objekte: ～枚
Lange schmale Objekte: ～本
Hefte, Bücher: ～冊
Kleine Objekte: ～個
Kleine Tiere: ～匹（ひき）

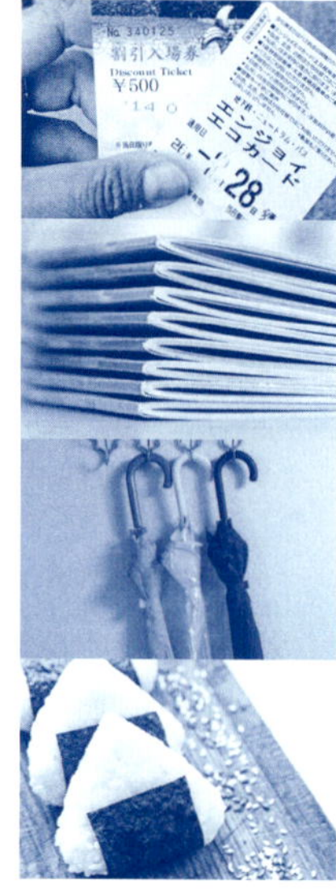

1. チケット	A. ～本（ほん）
2. パンフレット	B. ～冊（さつ）
3. かさ	C. ～枚（まい）
4. おにぎり	D. ～個（こ）

2

TR. 30 Hören Sie sich die Wegbeschreibungen an und prägen Sie sich die Formulierungen ein.

5.2

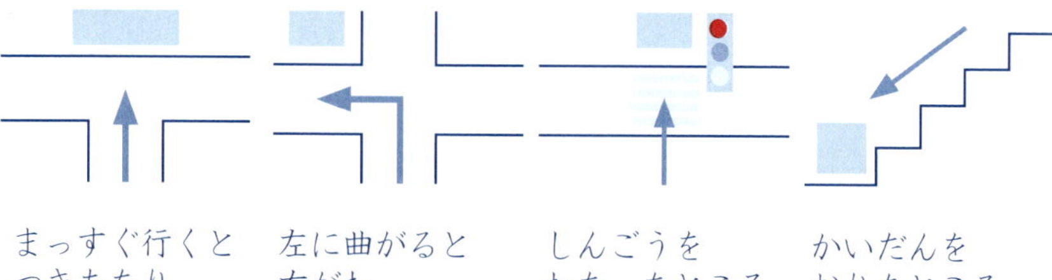

Konditionalsatz mit ～と

Die konditionale Partikel ～と verbindet zwei Sätze und bedeutet „(immer) wenn …, dann …". Diese Struktur wird oft für die Wegbeschreibung verwendet.

Satzbildung:

Verb/Adjektiv/Nomen-Kurzform-Präsens + と (unweigerliche Folge)
(Kondition)

右(みぎ)に曲(ま)がると、駅(えき)があります。
Wenn Sie nach rechts abbiegen, dann ist dort der Bahnhof.

3

 TR. 31

Hören Sie sich die Audiodatei an. Ordnen Sie die Satzteile in der richtigen Reihenfolge.

1.

| ドイツ人が | この | 書きました | ミュージカルを | 。

____

| この | よって | 書かれました | ミュージカルは | ドイツ人に | 。

____

2.

| 市(し)が | たてました | この | 博物館(はくぶつかん)を | 。

____

| たてられました | 市に | よって | この | 博物館は | 。

____

3.

| 人(ひと)が | たくさんの | 使(つか)っています | JR環状線(かんじょうせん)を | 。

____

| JR環状線は | 使われています | たくさんの | 人に | 。

____

4

 TR. 32

Die erste Rolle des Akzents im Japanischen ist die Unterscheidung der Wortbedeutung. Hören Sie sich die Wortpaare an und sprechen Sie sie nach. Achten Sie dabei auf den Akzent.

1. はし (Essstäbchen)  (Brücke)

2.  (schreiben)  (fehlen)

3.  (Regen)  (Bonbon)

4. いつか (irgendwann) いつか (fünf Tage)

5

Sprachtipp

Das Japanische verfügt über sogenannte „Lautbequemlichkeiten". Bei bestimmten Lautkombinationen werden Konsonanten verändert. Dies betrifft oft die Kombination Zahl + Zählwörter:

1 本 いっぽん
2 本 にほん
3 本 さんぼん

1 冊 いっさつ
2 冊 にさつ

Welche Zählwörter werden für folgende Gegenstände verwendet? Ordnen Sie den Bildern die passenden Zählwörtern zu.

A 枚　B 冊　C 本　D 個

例. B ______　1. ______　2. ______　3. ______

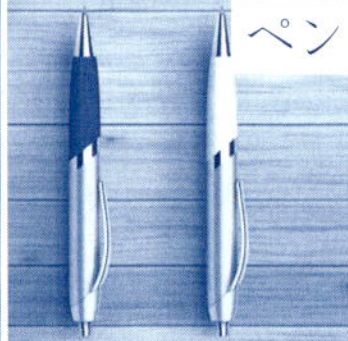

4. ______　5. ______　6. ______　7. ______

6

Freya hat eine Nachricht von Shohei erhalten. Lesen Sie die Wegbeschreibung und zeichnen Sie eine Skizze. Beide Sätze sind im informellen Stil geschrieben.

＜　スポーツサークル

行き方(かた)おしえて

駅を出てまっすぐ行くと、コンビニがある。そこを右にまがると、しんごうがあるから、それをわたって、つきあたりまでまっすぐいくと劇場(げきじょう)だよ。

°7

§ 7

Welcher Text passt zu welchem Foto?

1. ____________ 2. ____________ 3. ____________ 4. ____________

A これは村上春樹(むらかみはるき)によって書(か)かれました。いろいろな言葉(ことば)にほんやくされて、外国(がいこく)でもたくさんの人に読(よ)まれています。彼(かれ)のファンは「ハルキスト」とよばれます。

B これは奈良(なら)のお寺(てら)にあります。７５２年(ねん)に作(つく)られました。「大仏(だいぶつ)」と呼(よ)ばれています。このお寺(てら)は２回火事(かいかじ)にあったので、１７０９年に新(あたら)しくたてられました。

C これは暑(あつ)いときに使(つか)われます。日本(にほん)で発明(はつめい)されました。外国でもよく知(し)られています。たたむと、小(ちい)さくなります。落語(らくご)や茶道(さどう)でもよく用(もち)いられます。

D カラオケは日本(にほん)でとても愛(あい)されています。「カラオケ」という日本語(にほんご)は外国(がいこく)でも使われます。大きなステージではなく、小さな部屋(へや)で歌(うた)われることが多(おお)いです。

Direktes Passiv

Wenn die Situation von der Perspektive des Handlungsempfängers her beschrieben wird, wird das Passiv verwendet.

Satzmuster:

Person, Sache 1 は Person, Sache 2 に（よって）Verb-Passivform
(Empfänger) (Handelnde)

Formbildung der Verben:

Gruppe I: よむ → よまれる Gruppe II: たてる → たてられる
Unregelmäßig: くる → こられる する → される

Kulturtipp

Der Sensu (Faltfächer) wurde in Japan erfunden und im 17. Jh. in Europa eingeführt.

Kulturtipp

Karaoke (kara = leer oke = Orchester) wurde in den 1970er Jahren in Japan entwickelt und hat sich seitdem weltweit verbreitet. Oft wird man zum Karaokesingen gezwungen und sollte dafür zumindest ein Lied eingeübt haben. Beliebt ist z. B. Dschinghis Khan.

Sprachtipp

知られている = bekannt

Verwendung von 知る:

カラオケを知っていますか。
Kennen Sie Karaoke?

はい、知っています。
Ja, ich kenne es.

いいえ、知りません。
Nein, ich kenne es nicht.

falsch: 知っていません

8

Sprachtipp

Wortreihenfolge:

Gegenstand + Partikel + Zahl + Zahlwort + Verb.

かさを１本かいます。

Zwischen dem Zahlwort und dem Verb soll keine Kasuspartikel wie を stehen.

Ordnen Sie die Satzteile in der richtigen Reihenfolge. Schreiben Sie in den Klammern jeweils passende Zählwörter!

1. | チケット | 2(　　) | を | 映画（えいが） | の | おねがいします。

____

2. | ください。 | すみません、| を | ビール | 3(　　)

____

3. | 切手（きって） | もらえます| を | ノート | 1(　　) | を | すみません、| と | か。 | 4(　　) (Ein Notizblock und vier Briefmarken)

____

____

9

Beschreiben Sie den Weg vom Bahnhof zum Theater. Schauen Sie sich die Skizze an und ergänzen Sie die Lücke im Text.

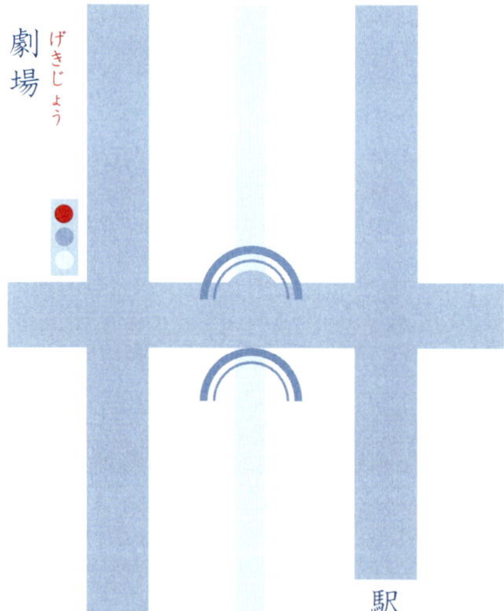

えきを出て１００ｍぐらい________________と、交差点（こうさてん）があります。そこを____に__________ください。少（すこ）し行くと橋（はし）があります。それを________ください。その次（つぎ）のしんごうを____に__________ください。そのまま______________と、______________に劇場（げきじょう）があります。

10

Wählen Sie jeweils einen zu den Bildern passenden Satz aus dem Kästchen unten aus und schreiben Sie ihn in der Passivform in die Lücke.

例）これはノイシュバンシュタイン城（じょう）です。このお城は

B　ルードヴィヒ２世（せい）によってたてられました。

1. これはゲーテです。「ファウスト」という本（ほん）は

2. ドイツ鉄道(DB)はとても有名です。電車（でんしゃ）は

3. これはドイツの絵本（えほん）です。グリム兄弟（きょうだい）の絵本は

A　シーメンスが発明（はつめい）しました。
B　ルードヴィヒ２世（せい）がたてました。
C　ゲーテが書（か）きました。
D　日本人がよく知（し）っています。

Kanji-Fokus

右（みぎ）　左（ひだり）　行（い）く　曲（ま）がる　出（で）る

書（か）く　知（し）っている　年（とし）　次（つぎ）

11

 8.2

Sie sind bei einem Laden im Theater und möchte verschiedene Dinge kaufen. Hören Sie sich den Musterdialog an und sprechen Sie nach. Dann ersetzen Sie die markierte Stelle durch die Wörter in den Kästchen unten.

Kulturtipp

In einigen traditionellen Kabuki-Theater ist es üblich, während der Vorstellung zu essen. Daher erlauben manche Besucher sich im Theater zu essen: im Foyer oder auf der Treppe. Aber am Platz zu essen ist meistens doch verboten.

すみません。チケット 1.が　ほしいんですが。2.

はい、　何枚 3. ですか？

２枚　4.　おねがいします。

1.	2.	3.	4.
Tシャツ　パンフレット ノート　かさ ペン　おにぎり サンドイッチ	ください。 ありますか。 ちょうだい	何枚 何冊 何本 何個	～枚 ～冊 ～本 ～個

12

Schauen Sie sich den Stadtplan auf der nächsten Seite an. Zuerst üben Sie die Fragen und danach die Wegbeschreibungen zu verschiedenen Orten.

すみません、げきじょうにはどうやって行きますか。
えきに行きたいんですが。
売店（ばいてん）はどこですか。

1. げきじょう

2. えき

3. ばいてん

4. びじゅつかん

Stadtplan

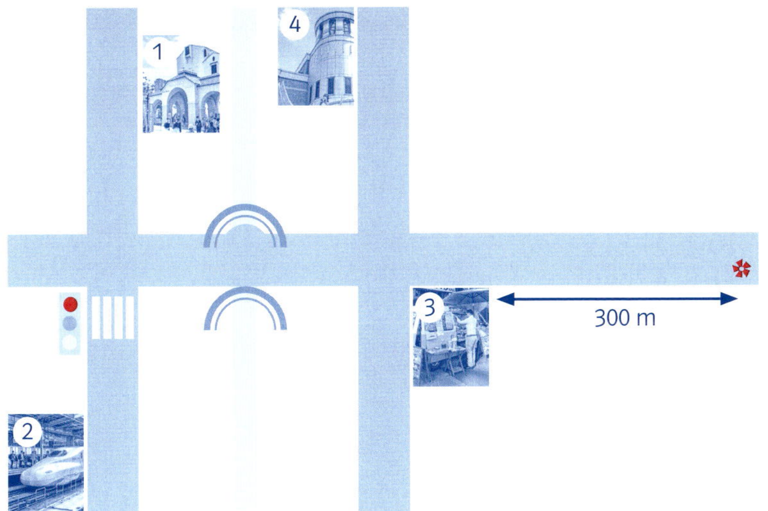

Kulturtipp

Tezuka Osamu gilt als „Gott" des Manga. Von ihm stammt u. a. *Astro Boy* (てつわんアトム) oder *Black Jack*. Er ist in der Stadt Takarazuka aufgewachsen und dort ist ihm ein Museum gewidmet.

13

Shohei begleitet Freya in Takarazuka und gibt einige Informationen über die Stadt. Hören Sie sich seine Erklärungen an.

 TR. 33

ここは宝塚という町です。宝塚はミュージカルで有名です。ここのミュージカルは女の人によってえんじられます。ヨーロッパの話(はなし)が人気(にんき)があって、『マリーアントワネット』や、『エリザベート』は何回(なんかい)もじょうえんされています。

ほかに有名なのは手塚治虫博物館です。１９９４年にたてられました。手塚治虫は「マンガの神様(かみさま)」とよばれていて、たくさんの人にしたしまれています。ミュージアムショップではいろいろ売られていますよ。おみやげにどうですか。

Kulturtipp

Takarazuka Kagekidan ist eine populäre Musicalgruppe, in der alle Rollen von Frauen gespielt werden. Zu ihren erfolgreichsten Stücken gehören *Elisabeth* (von Michael Kunze) und *Die Rosen von Versailles*. Sie treten auch in Europa auf.

Nun erzählen Sie etwas über Hamburg, die Musical-Metropole an der Elbe!
Ersetzen Sie die unterstrichenen Wörter durch die folgenden Wörter.

１８９７ハンブルク　いろいろなヨーロッパのくにの人　ミステリアス
アルスター　オペラ座(ざ)の怪人(かいじん) (Phantom der Oper)
しちょうしゃ (Rathaus)　ダンス・ウィズ・ヴァンパイヤ (Tanz der Vampire)
ハンブルクのしんじゅ (Perle)　フィッシュマルクト

1

Sie können sich nun …

ausführlich vorstellen.

Bitte schreiben Sie unten Ihr Profil für ein soziales Netzwerk.

私は＿＿＿＿＿＿＿＿＿＿といいます。
Name

＿＿＿＿＿＿とよんでください。 ＿＿＿＿＿＿人です。
Spitzname / Nationalität

＿＿＿＿＿＿という町に住んでいる＿＿＿＿＿＿です。
Stadt / Beruf

趣味は＿＿＿＿＿＿＿＿＿＿ことです。
Hobby

フォローよろしくおねがいします♪

2

Sie können auch …

Personen mit ihrer Kleidung beschreiben.

Bitte beschreiben Sie diese Personen:

フレヤ	水たまのブラウス　ジーンズ　ネックレス
しょうへい	しまのTシャツ　めがね　スニーカー

A: フレヤさんはどの人ですか。

B: ＿＿＿＿＿＿(1)着て＿＿＿＿＿＿(2)はいている人です。

そして＿＿＿＿＿＿(3)をしています。

A: しょうへいさんはどの人ですか。

B: ＿＿＿＿＿＿(4)て＿＿＿＿＿＿(5)人です。

そして＿＿＿＿＿＿(6)をはいています。

3

In Lektion 2 haben Sie gelernt …

Komplimente zu machen und darauf zu reagieren.

Bitte ergänzen Sie die Lücken.

1.

A: わあ、今日のかみがた__________(1)ますね。

コートも__________(2)色ですね。けっこう______(3)そうですね。

B: いいえ、______(4)んですよ。セールだったんです。でも、とても

____(5)やすくて、気に入っています。

2.

A: フレヤさん、日本語がとても__________(6)ですね。

B: いえ、____________________(7)。

A: いえいえ、__________(8)ものですよ。

4

In Lektion 3 ging es um …

Vorsorge und Verhalten bei Naturkatastrophen.

Sollen Sie folgende Dinge vor oder nach dem Erdbeben machen?

	VOR	NACH
1. 水と食べ物をじゅんびしておく。	☐	☐
2. うみの近くにいかない。	☐	☐
3. 火をつかわない。	☐	☐
4. 避難所をしらべておく。	☐	☐
5. 大きな家具のまえでねない。	☐	☐
6. ブロックのへいからはなれる。	☐	☐
7. 高いところににげる。	☐	☐

5

In Lektion 4 haben Sie Ortsbeschreibungen geübt. Zuerst mussten Sie …

Veränderungen in Ihrer Umgebung beschreiben.

1. Bitte beschreiben Sie den Zustand von Freyas Zimmer nach dem Erdbeben. Schreiben Sie die richtigen Verben aus dem Kästchen unten in der passenden Form in die Lücken.

地震で私の部屋は＿＿＿＿＿＿(a)しまいました。コーヒーカップが＿＿＿(b)、ゆかが＿＿＿(c)しまいました。本だなも＿＿＿(d)しまいました。電気とガスも＿＿＿＿＿＿(e)しまいました。

とまる　よごれる　めちゃくちゃになる　たおれる　おちる

2. Beschreiben Sie nun die Veränderungen in der japanischen Stadt Ooarai.

この町に来る人はさいきん＿＿＿＿＿(a)なりました。『ガールズ&パンツァー』。というアニメで＿＿＿＿＿(b)なったからです。たくさんの店にアニメのキャラクターのパネルがあります。地震のあと町は人が来なくて＿＿＿＿＿(c)なりましたが、アニメのおかげで＿＿＿＿＿(d)になりました。

さびしい　おおい　にぎやか　有名

6

Weiter haben Sie in Lektion 4 gelernt …

verschiedene Städte zu beschreiben.

Bitte beschreiben Sie diese Städte mit den Angaben rechts:

1. なら	おてら　しずか　ふるい
2. フランクフルト	高いビル　大きい　にぎやか

1. ここは＿＿＿＿＿＿(a)です。有名な＿＿＿＿＿＿(b)があります。
＿＿＿＿＿＿＿＿＿＿＿＿(c)町です。

2. ここは＿＿＿＿＿＿＿＿(a)です。たくさん＿＿＿＿＿(b)があります。
＿＿＿＿＿＿＿＿＿＿＿＿(c)町です。

7

Sie haben verschiedene Zählwörter kennen gelernt, um …

Gegenstände zu zählen.

Ordnen Sie die zu passenden Zählwörter zu.

1. ___ すみません。このマンガを３______ ください。
2. ___ すみません。このネクタイ２______ ほしいんですが。
3. ___ ハンバーガー５______ ちょうだい。
4. ___ すみません。このおさらを４______ おねがいします。
5. ___ 〉何めいさまですか？ － ４______ です。

A 本
B 枚
C 人
D 冊
E 個

8

Eine weitere Aufgabe für Sie in der Lektion 5 waren …

Wegbeschreibungen.

Ordnen Sie die passenden Bilder zu.

__1. しんごうをわたったところに駅があります。

__2. トイレはかいだんをおりたところです。

__3. げきじょうは、つぎのかどを左に曲がると、右がわにあります。

__4. まっすぐ行くと、つきあたりにはくぶつかんがあります。

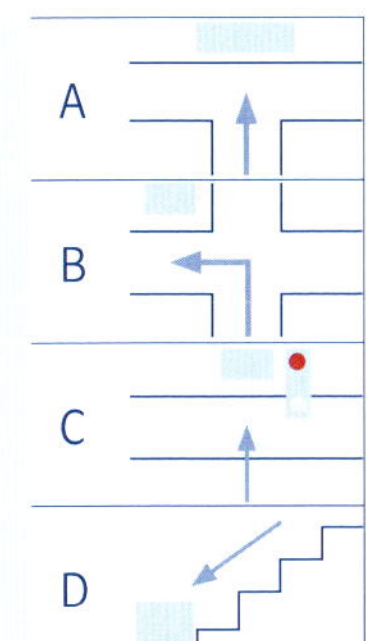

9

Mit der Passivform der Verben können Sie außerdem …

bekannte kulturelle Werke erklären.

Erklären Sie den Manga *Attack on Titan* von Hajime Isayama.

1. によって |「しんげきのきょ人」|いさやまはじめ |は |かかれました。|

____

2. |マンガの |人 |中で |は |たべられます。|に |きょ人 |

____

3. ネルトリンゲンだ |は |と言われています。 |町のモデル |ドイツの |
(Nördlingen)

____

1

TR. 34 Als Freya nach Hause kommt, erfährt sie, dass in ihre Wohnung eingebrochen wurde. Sie berichtet es dem Vermieter. Hören Sie sich die CD an und tragen Sie die zu den Bildern passenden Nummern ein!

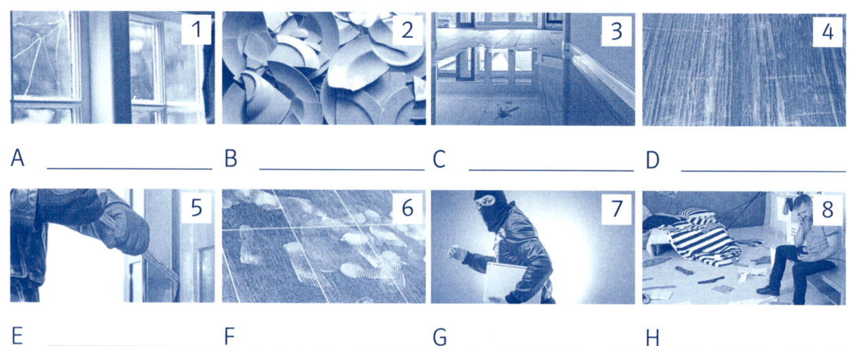

A ________ B ________ C ________ D ________

E ________ F ________ G ________ H ________

2

TR. 35 Die Mitglieder vom Sport-Treff helfen Freya. Sie reden darüber, was sie Freya schenken können.

§ 6.1

Kulturtipp

ちゃぶだい ist ein traditioneller japanischer Klapptisch, der nach dem Essen weggeräumt werden kann.

Aus einem Esszimmer wird dann ein Schlafzimmer, indem man den Futon ausrollt.

1. Hören Sie zu und prägen Sie sich die Satzmuster ein.

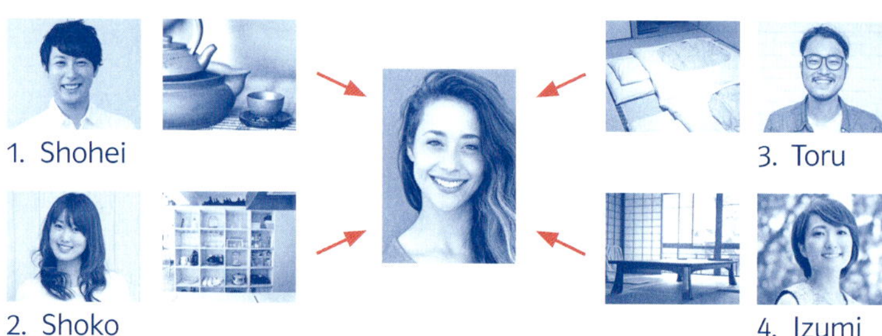

2. Freya zeigt ihrem Vermieter die Geschenke. Formulieren Sie aus Freyas Sicht, was die Leute ihr geschenkt haben.

Sprachtipp

あげる = geben
くれる = **mir** geben
もらう = bekommen

3

TR. 36

6.2

Freya bittet die Mitglieder des Sport-Treffs, ihr zu helfen. Hören Sie die Dialoge und füllen Sie die Lücken mit den Endungen, die Freya für ihre Bitte verwendet: A くれませんか oder B あげます

1.

Freya 勝平さん、ちょっと困っているんです。助けてもらえませんか。

Shohei: もちろんです。どうしたんですか。

Freya: どろぼうに入られたんです。警察に電話して

1. _____A_____。

Shohei: それは大変ですね！ すぐして

2. __________ よ。

2.

Freya: しょうこさん、ちょっと困っているんです。助けてもらえませんか

Shoko: もちろんです。どうしたんですか。

Freya: どろぼうに家をめちゃくちゃにされたんです。今日泊めて 3. __________？

Shoko: ええ！ 大変！ もちろん泊めて 4. __________ よ！

3.

Freya: とおるさん、助けてもらえませんか。ちょっと困っていて...

Toru: はい、どうしたんですか。

Freya: どろぼうに食器を全部わられちゃったんです。車で買い物につれていって 5. __________。

Toru: いいですよ！ つれていって 6. __________。困ったときはおたがいさまです。

Sprachtipp

あげる, くれる und もらう dienen auch als Hilfsverben und werden an eine te-Form gehängt. Dadurch wird deutlich gemacht, wer für wen die Handlung (Verb in te-Form) tut.

Sprachtipp

～んです wird verwendet, wenn Sie jemandem Ihre Situation erklären möchten und eine Reaktion von ihm haben möchten. Oder Sie möchten von jemandem, dass er seine Situation erklärt.

困ってるんです＝
Meine Situation ist so, dass ich Schwierigkeiten habe (und ich erwarte von Ihnen Hilfe).

どうしたんですか？
Was ist denn los?
(Ich möchte gerne wissen, in welcher Situation Sie sind).

4

TR. 37

Eine weitere Rolle des Akzents ist, auszudrücken, wo das neue Wort anfängt. Wenn die Tonhöhe einmal sinkt und wieder steigt, fängt ein neues Wort an. Hören Sie sich beide Sätze an und sprechen Sie nach.

(Ich habe gesagt.) (Ich habe es schon getan.)

5

§ 7 Die Polizei will Freya befragen. Sie schreibt dafür einen Notizzettel. Ergänzen Sie die Lücken mit folgenden Wörtern.

A ぬすまれた	B 開（あ）けられた	C 入られた
D よごされた	E わられた	F たおされた

20XX年（ねん）X月（がつ）X日（にち）

- アパートがどろぼうに　例） C 。
- まどを　1. ______。
- かぎを　2. ______。
- 食器だなを　3. ______。
- パソコンを　4. ______。
- ゆかを　5. ______。

Indirektes Passiv (Leidenspassiv)

Wenn jemand unter der Handlung einer anderen Person oder unter einem Ereignis leidet, wird die Situation mit Passiv beschrieben.

Aktiv: どろぼうは　私の　コンピューターを　ぬすんだ。
Leidenspassiv: 私は　どろぼうに　コンピューターを　ぬすまれた。
(Opfer) (Täter) (böse Tat im Passiv)
Mir ist mein Computer von einem Dieb gestohlen worden (und ich leide darunter).

Aktiv: 雨がふりました。(Es hat geregnet.)
Leidenspassiv: 私は　雨に　ふられました。(Ich wurde nassgeregnet.)
(Opfer)

6

Der Futon und der Chabudai-Tisch gefallen Freya doch nicht. Sie möchte sie loswerden und stattdessen ein Bett und einen normalen Tisch haben. Lesen Sie die Kleinanzeigen und wählen Sie die passende Anzeige aus.

1. Wer will die Sachen kostenlos abgeben? ____ ____
2. Wer will die Sachen kostenlos bekommen? ____ ____
3. Wen soll Freya kontaktieren? ____ ____ ____ ____

ふとんとちゃぶだいを無料であげて、
ベッドとテーブルを無料か格安でゆずって
もらいたいです。

ゆずります	ゆずってください
ベッドを格安で売ります。一年(いちねん)使用(しよう)。小さなきずあり。車でうちまで持(も)って行ってあげます。 価格(かかく)：３５００円 **A**	いらないふとんをください！少(すこ)しよごれていてもいいです。とりに行きます。無料でゆずってくれる方(かた)、おねがいします。 **D**
古いテーブルを無料でゆずります。うちまでとりに来(き)てくれる方(かた)、電話(でんわ)ください。 ＴＥＬ：０６-１３３３-ＸＸＸＸ **B**	食器だなを格安でゆずってくれる方、連絡(れんらく)ください。車(くるま)でうちまでとりに行(い)きます。 価格(かかく)：１０００円まで **E**
使わないふとんをあげます！２回(かい)使用。よごれはありません。メールください。 **C**	ちゃぶだいをさがしています。古くてもいいです。無料か格安でおねがいします。 **F**

Sprachtipp

格安 = sehr günstig

無料 = kostenlos

売る = verkaufen

ゆずる = schenken; verkaufen

Kulturtipp

Japaner benutzen seltener Auktionsseiten im Internet, sondern Recycleshops oder japanische Secondhand-Internetseiten mit Festpreisen wie Mercari.

7

Bilden Sie die Passivform.

例）　→　ぬすむ　→　ぬすまれる。
　　　はいる　→　はいられる

1. あける　→　__________
2. われる　→　__________
3. めちゃくちゃにする　→　____________________
4. きずをつける　→　__________
5. ふる　→　__________

8

Schreiben Sie Passivsätze.

例）

私はパソコンをぬすみました。

どろぼうにパソコンをぬすまれました。

1.

私はまどをわりました。

____

2.

私はゆかをよごしました。

____

9

Ergänzen Sie in den Lücken, wer das Geschenk schenkt/bekommt.

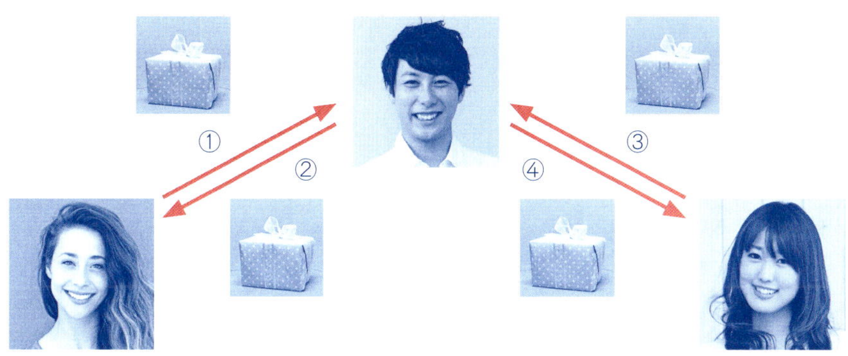

① 私は勝平さんにプレゼントを ______________

② 勝平さんは私にプレゼントを ______________

③ 勝平さんは祥子さんにプレゼントを ______________

④ 勝平さんは祥子さんにプレゼントを ______________

10

Bilden Sie aus den zwei Wörtern wie im Beispiel die passenden Sätze.

例）　勝平／けいさつに電話(でんわ)をする

→ ① 勝平さんはけいさつに電話をしてくれました。

→ ② 勝平さんにけいさつに電話をしてもらいました。

1. しょうこ／泊(と)める ① ______________________

② ______________________

2. 徹(とおる)／買い物に連(つ)れて行(い)く

① ______________________

② ______________________

TR. 38

11

Lesen Sie den Dialog und ergänzen Sie die Lücken. Hören Sie danach die CD und überprüfen Sie Ihre Antworten!

どうやってどろぼうは入ったんですか？

まどを__________かぎを__________。

1. 何を取られましたか？

パソコンを__________。

2. 他（ほか）に何かされましたか？

はい、食器だなを__________。
それから、ゆかを__________。
あと、雨に__________ふとんがぬれてしまいました。
どろぼうのせいで、
まどがわれていましたから。

Kanji-Fokus

困（こま）る	助（たす）ける	入（はい）る	車（くるま）
無料（むりょう）	格安（かくやす）	価格（かかく）	食器（しょっき）
売（う）る	何（なに）	取（と）る	

12

Hören Sie sich die CD an und schreiben Sie in die Tabelle, was folgende Personen Freya geschenkt haben. Erklären Sie mündlich die Situation aus Freyas Sicht!

TR. 39

	①	②	③
だれが	しょうへい	しょうこ	とおる
何を	______	______	______

______に______をもらいました。

______は______をくれました。

13

Hören Sie den Dialog. Ersetzen Sie in Freyas Äußerungen die unterstrichenen Ausdrücke mit den unten angegebenen Wörtern in der jeweils passenden Form. Üben Sie die Dialoge mit der Audiodatei.

TR. 40

A 勝平さん、ちょっと困っているんです。助けてもらえませんか。

もちろんです。何をしてあげたらいいですか

B けいさつに電話(でんわ)してくれませんか。

いいですよ。

B けいさつに電話をしてくれてありがとう。おかげで助かりました。

例	A 勝平さん	B けいさつに電話する
1.	A とおるさん	B 無料でふとんをゆずる
2.	A いずみさん	B いっしょに部屋をかたづける

Kulturtipp

Bedanken Sie sich mehrmals – auch noch einmal beim nächsten Treffen – um Ihre Dankbarkeit zu zeigen. Sie können den folgenden Ausdruck verwenden:

きのうは／おとといは／せんじつは

どうもありがとうございました。

Vielen Dank für gestern/vorgestern/neulich!

Sprachtipp

おかげで = dank Ihnen

1 TR. 41

Hören Sie sich die Antwort auf eine Wohnungswunsch-Umfrage an. Was halten die Personen für wichtig? Wählen Sie aus dem Kästchen unten aus und schreiben Sie sie in die Kästchen in den Sprechblasen. Worauf können Sie verzichten? Schreiben Sie dies in die Klammern.

アンケート：家を探(さが)す時(とき)に、一番(いちばん)大事(だいじ)な条件(じょうけん)は何(なん)ですか？

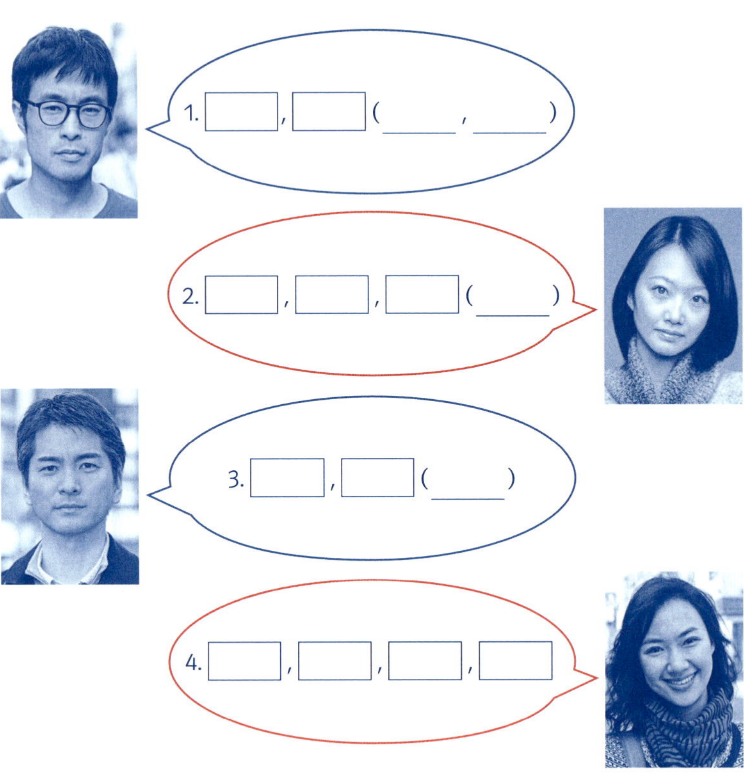

A 間取(まど)り　B 家賃(やちん)　C 静(しず)か　D セキュリティ
E 環境(かんきょう)　F 広(ひろ)さ　G 最寄(もよ)り駅　H 築年数(ちくねんすう)
I 会社から遠(とお)い　J 日当(ひあ)たりがいい　K 親切(しんせつ)な住人
L オートロック　M 近(ちか)くに病院やスーパー

Sprachtipp

Der Superlativ im Japanischen wird einfach durch Hinzufügen des Adverbs 一番（いちばん = Nr. 1) ausgedrückt.

一番大事 = der wichtigste

Sprachtipp

Das Wort オートロック kommt vom englischen „auto lock". Es bezeichnet das gesamte Sicherheitssystem in der Eingangshalle des Apartments.

Sprachtipp

In einer Wohnungsanzeige sind folgende Wörter oft zu lesen:

間取り = Schnitt der Wohnung
家賃 = Miete
最寄り駅 = nächster Bahnhof
築年数 = Baujahr
日当たり = Sonnenlage
新築 = Neubau

2

Was ist an der neuen Wohnung besser oder schlechter als an der alten?

TR. 42

9.1

1. 今(いま)の家(いえ)のほうが前(まえ)の家より…	Richtig	Falsch
A 広(ひろ)い	☐	☐
B 安い	☐	☐
C 駅に遠(とお)い	☐	☐
D 便利(べんり)だ	☐	☐

2. 今の家のほうが前の家より…	Richtig	Falsch
A 明(あか)るい	☐	☐
B 親切(しんせつ)な大家さんだ	☐	☐
C ふあん	☐	☐

3. 今の家のほうが前の家より…	Richtig	Falsch
A 部屋が多(おお)い	☐	☐
B 会社から近(ちか)い	☐	☐

4. 今の家のほうが前の家より…	Richtig	Falsch
A 環境(かんきょう)がよくない	☐	☐
B 築(ちく)年数(ねんすう)が古い	☐	☐
C 日当(ひあ)たりがいい	☐	☐

Kulturtipp

Fast alle Vermietungen laufen über Makler.

Zum Mietvertrag fallen die folgenden Kosten an:

敷金
（しききん）
Kaution: ein bis zwei Monatsmieten

礼金
（れいきん）
Schüsselgeld: einmalige Provision für den Vermieter: eine Monatsmiete

仲介手数料
（ちゅうかいてすうりょう）
Maklerprovision: eine halbe bis eine Monatsmiete

Komparativ

Japanische Adjektive werden im Komparativ nicht verändert. Das zu vergleichende Nomen wird mit より markiert.

Satzmuster:
Nomen 1 のほうが Nomen 2 より Adjektiv. =
Nomen 1 ist mehr Adjektiv als Nomen 2.

今の家のほうが前の家より広いです。
= Die derzeitige Wohnung ist größer als die alte Wohnung.

§ 9.2

3

Hier sind die Antworten auf die Umfrage über Wohnungen. Lesen Sie die Meinungen der befragten Personen. Welcher „Wohntyp" sind sie? Kreuzen Sie die Wohnungen an, die ihnen eher zusagen.

Kulturtipp

In japanischen Mietwohnungen ist es nicht gestattet, Löcher in die Wände zu machen. Für jedes Loch muss man eine Entschädigung zahlen.

Sprachtipp

賃貸（ちんたい）
= Mietwohnung

持ち家
（もちいえ）=
Eigentumswohnung

タイプチェック！　賃貸(ちんたい)？　持(も)ち家(いえ)？　どちらの方(ほう)がいい？

1. 自由(じゆう)なライフスタイルが一番大事(だいじ)。家にしばられたくない。
   □ 賃貸　□ 持ち家
2. 便利(べんり)な都会に住みたい。築年数(ちくねんすう)は古くてもいい。
   □ 賃貸　□ 持ち家
3. 家を自分(じぶん)の好きなデザインにリノベーションしたい。
   □ 賃貸　□ 持ち家
4. 新築(しんちく)の家に住みたい。
   □ 賃貸　□ 持ち家
5. 将来(しょうらい)子どもに資産(しさん)を残(のこ)してあげたい。
   □ 賃貸　□ 持ち家
6. 住人とのトラブルや、災害(さいがい)のリスクが少ないほうがいい。
   □ 賃貸　□ 持ち家
7. 将来、実家(じっか)に帰(かえ)りたいと思っている。
   □ 賃貸　□ 持ち家

§ 8.1

Wunschform (Tai-Form) „möchten"

Die Tai-Form wird verwendet, wenn Sie einen Wunsch äußern.

Formbildung:
Verb-Masuformstamm + たい
見ます → 見たい (sehen möchten)　行きます → 行きたい (gehen möchten)

～たい flektiert wie ein い-Adjektiv: 大きい家に住みたいです。

4

Lesen Sie zwei verschiedene Meinungen zum Thema Zwei-Generationen-Haus (二世帯住宅). Welche Aussagen sind dafür? Welche sind dagegen? Ordnen Sie die Texte in der richtigen Reihenfolge den zutreffenden Meinungen zu.

二世帯住宅(にせたいじゅうたく)、賛成(さんせい)？ 反対(はんたい)？

1. 賛成	2. 反対
______ → ______ → ______	______ → ______ → ______

①二世帯住宅で一番いいところは、お金が安くすむことです。それに、その方が大きい家に住むことができます。

②二世帯住宅でよくないのは、おたがいに気(き)をつかうところです。１階と２階に分かれていても、プライバシーに色々口(くち)を出(だ)してしまいます。そして、それはストレスになります。

③そして、年をとった祖父母にとっても、安心(あんしん)だと思います。困(こま)った時(とき)には、家族(かぞく)がそばにいて、助(たす)けてもらえます。だから私は賛成(さんせい)です。

④そして、仲が悪くなってしまった時、一緒(いっしょ)に住めなくなります。家を売りたくても、二世帯住宅はなかなか売れません。だから私は反対(はんたい)です。

⑤また、こどもを見てもらえるから、共働(ともばたら)きの夫婦(ふうふ)にはその方が便利(べんり)だと思(おも)います。子どもも、祖父母(そふぼ)と仲良(なかよ)くできます。

⑥また、２階を子ども世帯が使(つか)うと思いますが、夜(よる)おそくまで起(お)きているので、下の祖父母にはうるさいかもしれません。

Sprachtipp

賛成 = Zustimmung

反対 = Widerspruch

Kulturtipp

Im Zwei-Generationen-Haus (二世帯住宅) leben meist die Eltern des Ehemannes und das Paar. Oben wohnt das Paar und unten wohnen die Eltern. Beide Wohnungen verfügen meistens über ein eigenes Badezimmer und eine eigene Küche sowie einen gemeinsamen Eingang.

Sprachtipp

Konjunktionen:
また = außerdem, und auch
そして = und dann
だから = deswegen

5

Vergleichen Sie beide Anzeigen. Füllen Sie die Lücken bei 1. und 2. mit A oder B. Wählen Sie bei 3. bis 6. die richtige Alternative aus den angegebenen Wörtern.

A

駅まで徒歩(とほ)１７分！

家賃　２.７万円
築年数　３１年
１ＤＫ（３５㎡）

B

駅まで徒歩５分！

家賃　６.５万円
築年数　新築
１ＤＫ（３０㎡）

Kulturtipp

In der Anzeige wird die Distanz zum nächsten Bahnhof besonders vorgehoben.

1. ＿＿＿＿の家のほうが＿＿＿＿の家より駅にちかいです。
2. ＿＿＿＿の家のほうが＿＿＿＿の家より安いです。

3. Aの家のほうがBの家より（　新しい　・　古い　）です。
4. Bの家のほうがAの家より（　新しい　・　古い　）です。
5. Aの家のほうがBの家より（　広い　・　せまい　）です。
6. Bの家のほうがAの家より（　広い　・　せまい　）です。

Kanji-Fokus

近(ちか)い　遠(とお)い　明(あか)るい　親切(しんせつ)

便利(べんり)　安心(あんしん)　多(おお)い　静(しず)か　今(いま)

前(まえ)　祖父母(そふぼ)

6

Die Grafik zeigt, was Leuten verschiedenen Alters und Geschlechts bei der Wohnungssuche wichtig ist. Beschreiben Sie die Grafik, indem Sie die Lücken im Text ausfüllen bzw. zwischen jeweils zwei gegebenen Alternativen auswählen.

Sprachtipp

Nr. + 代（だい）
10代 Teenager
20代 Twen

男子（だんし）
Männer

女子（じょし）
Frauen

夫婦（ふうふ）
Ehepaar

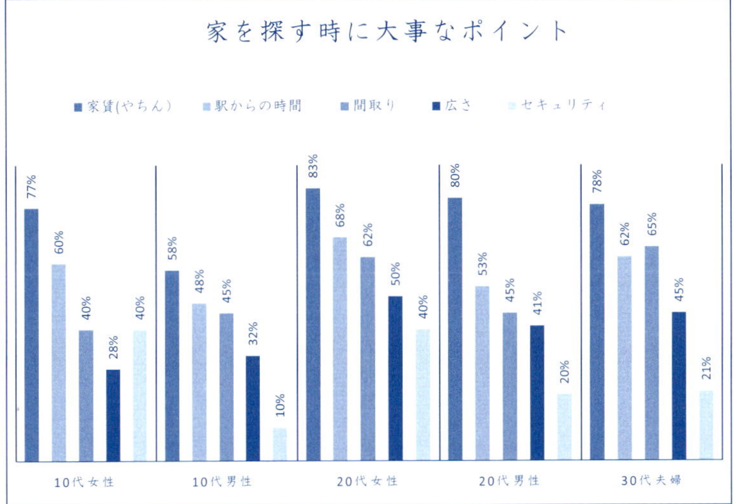

どの年代（ねんたい）でも、1.__________が一番大事という人が多（おお）いです。セキュリティが大事という人は、□ A 男子・女子より □ B 男子・女子が多いです。2.__________が一番少ないです。広さが大事という人は、□ C １０代・２０代より □ D １０代・２０代のほうが少ないです。３０代夫婦は 3.__________が２番目に大事です。駅からの時間が大事という人は、□ E 男子・女子より □ F 男子・女子が多いです。

4.__________が一番多いです。セキュリティが大事という人は１０代も２０代も □ G 男子・女子より □ H 男子・女子が多いです。３０代夫婦は 5._____%です。

7

TR. 43 Erzählen Sie von Ihren Wohnungswünschen! Hören Sie zuerst die Audiodatei und sprechen Sie nach. Setzen Sie dann die Wörter an den nummerierten Stellen ein. Ändern Sie dabei die Endungen der Adjektive von 2.

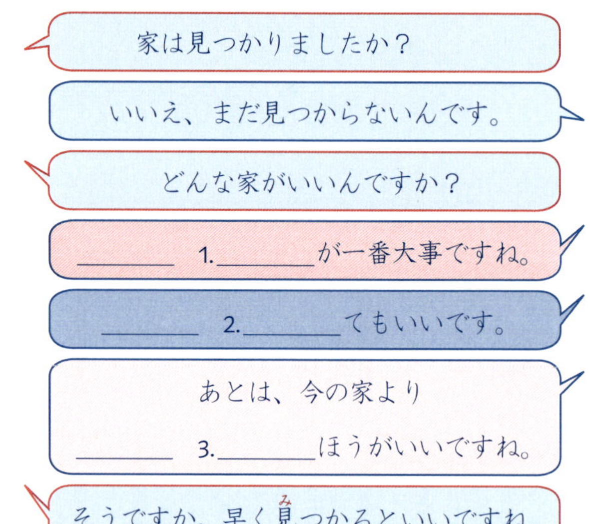

Sprachtipp

～といいですね
= Ich wünsche Ihnen ~

早く見つかるといいですね
= Ich wünsche Ihnen, dass Sie es schnell finden.

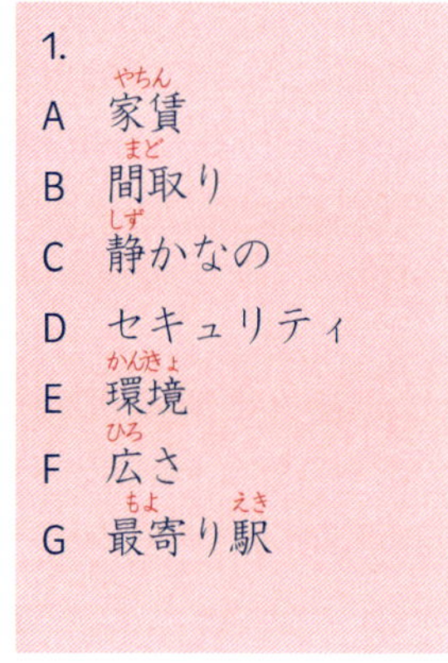

1.
A 家賃（やちん）
B 間取（まど）り
C 静（しず）かなの
D セキュリティ
E 環境（かんきょう）
F 広（ひろ）さ
G 最寄（もよ）り駅（えき）

2.
A 少し古い
B 少し高い
C 駅から遠い
D せまい
E 少しうるさい

3.
A 静かな
B 安い
C 部屋が多い
D 安全な
E 会社に近い
F 広い
G 新しい
H 自然（しぜん）が多い

8

TR. 44

Beschreiben Sie die neue Wohnung. Was ist besser? Was ist schlechter? Hören Sie den Dialog und ersetzen Sie die unterstrichenen Stellen anhand der Tabelle unten.

どうですか？　新しい家は？

気に入っています！　前よりA広くなりました。

それはいいですね。

でも、B家賃は前よりC高いです

	A	B, C
例	広い	家賃（やちん）、高い
1.	明るい	買い物、不便
2.	駅に近い	築年数（ちくねんすう）、古い
3.	居心地（いごこち）がいい	会社から、遠い

Stimmlose Vokale /i/ und /u/

Die Vokale /i/ und /u/ werden in folgenden Situationen oft nicht ausgesprochen:

1. Vokale zwischen zwei stimmlosen Konsonanten.
2. Vokale am Satzende nach einem stimmlosen Konsonanten.

Die stimmlosen Konsonanten im Japanischen sind: k, s, sh, t, ch, ts, h, f, p

すき (suki)　　ちかい (chikai)　　高いです (takai desu.)

Die unterstrichenen Vokale werden hier nicht ausgesprochen.

1

TR. 45

Vier Personen erzählen von ihrem Beruf. Um welchen Beruf geht es? Hören Sie sich die Audiodatei an und tragen Sie die Nummer in die Kästchen ein.

銀行員（ぎんこういん）

ツアーコンダクター

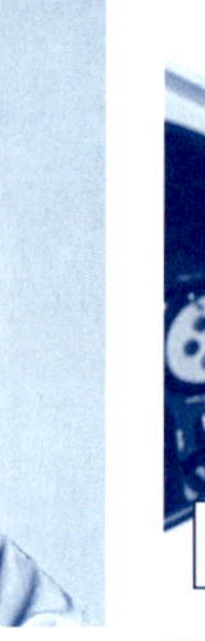

看護師（かんごし）

研究者（けんきゅうしゃ）

Schlagen Sie folgende Wörter nach und hören Sie die Audiodatei noch einmal.

1. 専門性（せんもんせい）　キャリア　やりがい　転職（てんしょく）
2. クレーム　トラブル　勤務時間（きんむじかん）　不規則（ふきそく）
3. 倒産（とうさん）　くび　安定（あんてい）した　残業（ざんぎょう）　ノルマ　事務仕事（じむしごと）
4. 資格（しかく）　人手不足（ひとでぶそく）　給料（きゅうりょう）　肉体労働（にくたいろうどう）

2

Hören Sie sich eine Umfrage zum Thema Berufswünsche junger Leute an. Wählen Sie die richtige Antwort.

TR. 46

① 事務仕事 / 肉体労働 がいいですね。

② 資格 / キャリア のいる専門職を目指します。

③ リストラ / クレーム にあいたくないです。

④ 給料 / やりがい のほうが大事です。

⑤ 勤務時間 / 残業 が少ない仕事がいいですね。

3

Hören Sie das Telefongespräch zwischen einem Bewerber und einer Firma an. Achten Sie auf die sprachlichen Unterschiede zum Text. Unterstreichen Sie die abweichenden Stellen.

TR. 47

Suzuki: すみません。鈴木と言います。サイトで求人広告をみました。担当の林さんいますか。

Sekretärin: はい、ちょっとまってください。

Hayashi: はい、林です。求人への応募ですね。では、まず履歴書を送ってください。そのあとで、面接をしましょう。

Suzuki: よろしくおねがいします。

Sprachtipp

Wenn man in einer formellen Situation spricht, wird eine extra höfliche Sprachform, die sogenannte けいご, verwendet.

In dieser Lektion werden Sie einige besonders höfliche Ausdrücke kennenlernen.

4

Lesen Sie die Stellenanzeige und wählen Sie die passenden Wörter aus. In dieser Übung finden Sie auch unbekannte Wörter. Üben Sie hier, selektiv zu lesen und die wichtigen Informationen im Text zu erkennen.

ホールスタッフ

アルバイト募集！

1. ________: ９５０円〜１０００円

交通費支給

2. ________: 特になし

3. ________: ８：３０〜２１：３０（シフト制）

4. ________: 週休二日

5. ________: 電話連絡の上、履歴書を

お持ちください。

後日ご連絡いたします。

カフェマイヤー ☎０６−５４１２−０３ＸＸ

A 応募（おうぼ） B 勤務時間（きんむじかん） C 時給（じきゅう） D 資格（しかく） E 休日（きゅうじつ）

5

Lesen Sie den Text über die Berufe der Zukunft. Geben Sie an, ob die Sätze 1 bis 4 richtig oder falsch sind.

日本でも子どもが少なくなって、人手不足(ひとでぶそく)になっています。そのため、外国人(がいこくじん)労働者(ろうどうしゃ)を受(う)け入れたり、AIやロボットを使(つか)ったりすることが考(かんが)えられています。東京(とうきょう)では観光客(かんこうきゃく)への案内(あんない)にロボットを使う実験(じっけん)がされています。研究者(けんきゅうしゃ)によると２０年後には日本の労働(ろうどう)の４９％が、ロボットにかわっているそうです。

では、新しいテクノロジーによって、将来(しょうらい)どの職業(しょくぎょう)がなくなるでしょうか？　たとえば、スーパーのレジやタクシー、バスの運転手(うんてんしゅ)、データ入力(にゅうりょく)の事務員(じむいん)などの、特別(とくべつ)なスキルがいらない職業が考えられます。AIやロボットができる仕事ですから。

反対(はんたい)に、ミュージシャン、美容師、研究者(けんきゅうしゃ)などのクリエイティブな職業はなくならないと考えられています。

	Richtig	Falsch
1. 日本は人手不足だ。	☐	☐
2. 東京ではロボットが実験(じっけん)する。	☐	☐
3. スキルがいらない職業はなくなる。	☐	☐
4. クリエイティブな職業はなくならない。	☐	☐

6

Ordnen Sie die Sätze gleicher Aussage zu.

1. 言(い)います	__A	いらっしゃいますか。
2. 見ます。	__B	申(もう)します。
3. いますか。	__C	少々(しょうしょう)おまちください。
4. ちょっとまってください。	__D	拝見(はいけん)します。
5. 送(おく)ってください。	__E	お送(おく)りください。

§ 10.2

Potentialverben

Um die Fähigkeit einer Person oder Möglichkeit einer Handlung zum Ausdruck zu bringen, wird die potentiale Form des Verbs verwendet.
Statt der Partikel を wird die Partikel が im potentialen Satz benötigt.

日本語をはなします。 → 日本語がはなせます。
Ich spreche Japanisch. Ich kann Japanisch sprechen.

Formbildung:

Verb Gruppe I:	つかう	→	つかえる	行く	→	行ける
Verb Gruppe II:	見る	→	見られる	食べる	→	食べられる
Unregelmäßig:	くる	→	こられる	する	→	できる

7

Bilden Sie potentiale Sätze.

例）私はおすしを食べます。

私はおすしが食べられます。

1. 会社でコンピューターをつかいます。

2. 会社は交通費を出（だ）します。

3. 仕事でいろいろな国に行きます。

4. 仕事でたくさんの人に会います。

5. 資格（しかく）があるので、すぐ転職（てんしょく）します。

Aufzählungen mehrerer Handlungen und Gründe

Wenn Sie von mehreren Handlungen einige Beispiele nennen möchten, verwenden Sie …たり…たりします. Vor たり wird der Te-Formstamm benötigt:

日曜日はテレビを見たり、本をよんだりします。
Am Sonntag sehe ich beispielsweise fern oder lese Bücher (und mehr).

Wenn Sie mehrere Gründe nennen möchten, können Sie sie mit し markieren.

Satzmuster:
Grund 1 し Grund 2 し Situation

おすしが食べたいし、アニメが好きだし、日本に住みたいです。
Da ich Sushi essen will und Anime mag, möchte ich in Japan wohnen.

8

Schreiben Sie die Sätze um.

例） やすみにりょこうにいきます。アルバイトします。
やすみにりょこうに行ったり、アルバイトしたりします。

1. 仕事でえいごをはなします。プログラミングします。

2. 町で買い物をします。えいがを見ます。

Kanji-Fokus

せんもん	ざんぎょう	きゅうりょう	にくたい
専門	残業	給料	肉体
ひとで	れんらく	がいこく	しょく
人手	連絡	外国	職

9

TR. 48
TR. 49

Erzählen Sie von Ihren Berufswünschen! Hören Sie zuerst die Audiodatei 48 und sprechen Sie nach. Ersetzen Sie dann die unterstrichenen Wörter und üben Sie den Dialog mit der Audiodatei 49.

将来どんな仕事につきたいですか。

A <u>残業が少ない</u> 仕事がいいです。

どうしてですか？

B <u>趣味の時間も大事だ</u> し、
C <u>家族とすごしたい</u> し。

たとえばどんな職業？

そうですね、
D <u>大きな会社の事務員</u> がいいです。

そうですか。見つかるといいですね。

1. A 国際的な　　B いろいろな国に行きたい
   C 英語が使える　　D ツアーコンダクター
2. A 安定した　　B リストラにあいたくない
   C お金に困りたくない　　D 公務員

10

Erzählen Sie von Ihrem Beruf! Hören Sie zuerst die Audiodatei 50 und sprechen Sie nach. Ersetzen Sie dann die unterstrichenen Wörter in der passenden Form und üben Sie den Dialog mit der Audiodatei 51.

TR. 50

TR. 51

お仕事は何をなさってますか。

A 看護師（かんごし）です。

どんなことをする仕事ですか。

B 病気の人のおせわをし　たり、
C 検査（けんさ）をし　たりします。

例）A 看護師　B 病気の人のおせわをする　C 検査をする

1. A エンジニア　B システムを設計（せっけい）する　C クライアントの話（はなし）を聞く
2. A 銀行員（ぎんこういん）　B お金をあずかる　C 貸（か）す
3. A コック　B 料理（りょうり）を作る　C メニューを考（かんが）える

Intonation am Satzende

TR. 52

Wie in vielen anderen Sprachen markiert die steigende Intonation am Satzende auch im Japanischen die Fragestellung; Doch die Steigerung der Tonhöhe erfolgt erst nach der Bestimmung des Akzenttyps des Wortes am Ende.

Ich esse

食べる
Isst du?

1

TR. 53 Hören Sie kurze Einkaufsdialoge in einem Elektroladen. Was möchte der Kunde kaufen? Tragen Sie passende Wörter aus dem Kästchen bei den Bildern ein.

Sprachtipp

これ ＝ こちら
それ ＝ そちら
あれ ＝ あちら
どれ ＝ どちら

A スマホ　B そうじ機(き)　C れいぞうこ　D せんたく機(き)
E テレビ　F すいはんき器　G エアコン　H 電子(でんし)レンジ

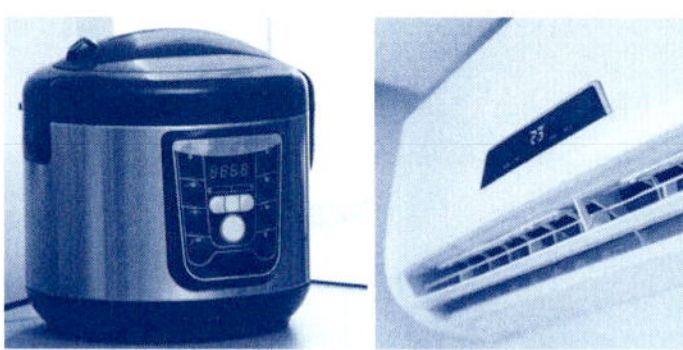

1. ____________ 2. ____________ 3. ____________ 4. ____________

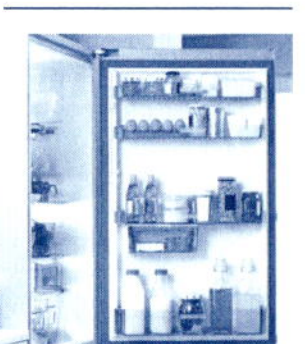

5. ____________ 6. ____________ 7. ____________ 8. ____________

2

TR. 53 Vergleichen Sie die beiden Höflichkeitsformen. Hören Sie danach die Dialoge noch einmal.

Sprachtipp

Wenn Sie vom Verkäufer angesprochen werden und nichts kaufen wollen, sagen Sie 見てるだけです (ich schaue nur).

Besonders höflich	Normal höflich
お探(さが)しですか	探していますか
いかがでしょうか	どうですか
ごらんください	みてください
かしこまりました	わかりました
おうかがいしましょうか	ききましょうか

3

Schlagen Sie folgende Wörter nach und hören Sie die Audiodatei noch einmal.

売(う)り場(ば)　おすすめ　価格(かかく)　お買い得(どく)　きのう

4

TR. 54

Die Kunden reklamieren beim Kundenservice. Hören Sie die Dialoge und wählen Sie die Gründe, warum die Kunden sich beschweren. Dann tragen Sie die Wünsche der Kunden aus dem Kästchen in die Klammer ein.

① こわれた / ちょうしがわるい　から、＿＿＿＿＿＿ほしい。

② こわれた / ちょうしがわるい　から、＿＿＿＿＿＿ほしい。

③ サイズがあわない / 色がちがう　から、＿＿＿＿＿＿ほしい。

④ 現品(げんぴん)限(かぎ)りだ / お買(か)い得(どく)だ　から、＿＿＿＿＿＿ほしい。

A 修理(しゅうり)して　B 割引(わりびき)して　C 取りかえて　D 返品にして

Kulturtipp

Der Stecker und die Steckdosen in Japan haben eine andere Form als in Deutschland. Nehmen Sie bei einem Besuch in Japan einen Adapter mit!

Man muss beim Kauf auf die Spannung des Geräts achten. In Japan sind es 110V und in Europa größtenteils 230V. Immer öfter gibt es mittlerweile auch Geräte, die internationale Spannung haben. Zur Sicherheit fragen Sie aber immer nach!

Te-Hoshii

8.3

V-Te-Form + ほしい　V-Nai-Form で + ほしい

Verwenden Sie ～てほしい, wenn Sie wünschen, dass jemand für Sie etwas tut.

とりかえてほしい　Ich möchte, dass Sie es für mich austauschen.

Kulturtipp

Die Elektroläden in Japan haben eine besonders aktive Werbung. Für europäische Ohren vielleicht etwas ungewohnt laut.

-nara (falls …, wenn …)

5.3

Verwenden Sie なら, um bei Ratschlägen oder Vorschlägen die Voraussetzungen einzugrenzen.

ひらがなで書かれているならわかります。
Wenn es in Hiragana geschrieben wäre, würde ich es verstehen.

5

Das ist eine Seite eines Online-Shops. Hier wird das Produkt beschrieben und anschließend von einem Kunden bewertet. Setzen Sie die passenden Wörter in die entsprechenden Lücken ein. In dieser Übung finden Sie auch unbekannte Wörter. Üben Sie hier, selektiv zu lesen und die wichtigen Informationen im Text zu erkennen.

アマダ電気

カテゴリー：パソコン・周辺機器 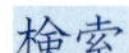

カラータブレットリーダー
Ｗｉ-ＦｉモデＷ

1. ＿＿＿＿＿＿ ５年！

★★★★☆カスタマーレビュー

カラー	シルバー・ゴールド
仕様（しよう）	９．７インチ ／ ３２ＧＢ
重量（じゅうりょう）	４００ｇ
2. ＿＿＿＿	￥９７５０ （税込）

カートに入れる

3. ＿＿＿＿＿＿リストに入れる

★★★★☆ 4. ＿＿＿＿＿＿でした！

リーダーとして使うなら、安いと思います。いろいろな機能（きのう）をもとめるなら、もっと高いモデルのほうがいいですが、ぼくにはこれで十分（じゅうぶん）。画面（がめん）も見やすいし、音（おと）もいいし満足（まんぞく）です。到着（とうちゃく）がおそかったので、☆ひとつ少（すく）なくしました。

A ほしいもの　B 保証期間（ほしょうきかん）　C 価格　D お買い得

Lesen Sie die Kundenbewertung. Was ist an dem teureren Modell besser? Unterstreichen Sie den Satzteil.

6

Lesen Sie die beiden Texte. Wo kaufen die beiden ihre Waren? Tragen Sie den Einkaufsort ein. Und wer sagt was? Kreuzen Sie an.

A 物を買うなら中古品（ちゅうこひん）、と私は決（き）めている。フリーマーケットによくいくし、今（いま）はネットショップでも中古品を買うことができる。古くなったり、いらなくなったものでも、すてられてしまうより、ほしい人に安く買ってもらうほうがいいだろう。中古なら安いだけじゃなく、環境（かんきょう）にもいいはずだ。子どもにもそれを学んでほしい。

B 買い物するなら、なんといっても近くのショッピングモールだ。買い物だけじゃなく、フードコートに行ったり、映画（えいが）を見たりして、一日をすごせる。子どもも楽（たの）しめるイベントもある。有名（ゆうめい）なブランドもぜんぶ集（あつ）まっているので、色々（いろいろ）えらぶことができる。たくさんの人が地元（じもと）で買い物をするのは、消費者（しょうひしゃ）にも、地域（ちいき）の経済（けいざい）にもメリットがある。

A さんは、________________と

________________で買い物します。

B さんは、________________で買い物します。

	A	B
1. Ich kaufe immer gebrauchte Waren.	☐	☐
2. Für Kinder ist es interessanter, dort einzukaufen.	☐	☐
3. Es gibt viel Auswahl von bekannten Marken.	☐	☐
4. Wir müssen zugunsten der Umwelt nachdenken.	☐	☐

°7

§ 5.3 Füllen Sie die Lücken mit der passenden Konjugationsform. Benutzen Sie den unterstrichenen Satzteil des Kunden.

例） 客: 家族が多いんです。

店員: 家族が多いなら、量（りょう）がたけるこちらがお勧（すす）めです。

1. 客: たくさんの機能はいりません。

店員: ____________________ なら、
こちらのシンプルな機能の製品がお勧めです。

2. 客: 子どもがいるので、危（あぶ）なくないのがほしいです。

店員: ____________________ なら、
お勧めは熱（あつ）くならないこの製品（せいひん）です。

3. 客: 機能より、デザインでえらびたいんです。

店員: ____________________ なら、
カラーバリエーションのあるこのメーカーがお勧めです。

Kanji-Fokus

きゃく	てんいん	へんきん	ほしょう	ちゅうもん
客	店員	返金	保障	注文
きのう	かぞく	しょうひん	へんぴん	おく
機能	家族	商品	返品	送る

8

Die Kunden möchten sich beschweren und reklamieren den Kauf.
Schreiben Sie die Wünsche der Kunden mit ～てほしい in die Lücken.

1. すみません、これ昨日(きのう)買ったんですけど、動(うご)かないんです。
   ＿＿＿＿＿＿＿＿（交換(こうかん)する）んですが。

2. すみません、これ一年(いちねん)前に買ったんですけど、調子(ちょうし)悪(わる)くて。
   まだ保証(ほしょう)期間(きかん)なので＿＿＿＿＿＿＿＿（修理(しゅうり)する）んですが。

3. すみません、先月(せんげつ)ネットで注文した物がまだ来ないんです。
   もういらないので、＿＿＿＿＿＿＿＿（返金(へんきん)する）んですが。

Sprachtipp

Verwenden Sie てほしい nicht, wenn Sie eine ranghöhere Person fragen.

×このしょうひんを見せてほしいですか？

9

Schreiben Sie eine Kundenbewertung. Füllen Sie den Lückentext aus.

A社：　機能がいい　安い　アプリが多い

I社：　デザインがいい　見やすい

1. ＿＿＿＿＿でえらぶなら、I社のほうがいいですが、
2. ＿＿＿＿＿でえらぶなら、A社がいいと思います。
3. ＿＿＿＿＿＿＿＿＿＿＿＿＿＿＿＿＿し、
4. ＿＿＿＿＿＿＿＿＿＿＿＿＿＿＿＿＿しお買い得です。

Akihabara

Akihabara ist das bekannteste Elektro-Einkaufsviertel Japans. Die Besonderheit in diesem Einkaufsviertel ist, dass Verhandeln erlaubt ist. Üblicherweise besucht man mehrere Geschäfte und fotografiert das günstigste Angebot. Mit dem Foto geht man in ein teureres Geschäft und zeigt es dort. Normalerweise versucht das Geschäft dieses Angebot zu unterbieten. Oder man bekommt zumindest ein kleines Zubehör als Extra.

10

TR. 55 Bringen Sie den Dialog in die richtige Reihenfolge. Sprechen Sie dann nach.

店員: ______________________

客: ______________________

店員: ______________________

客: ______________________

店員: ______________________

客: ______________________

店員: ______________________

客: ______________________

店員: ______________________

客: ______________________

店員: ______________________

- いらっしゃいませ。何かおさがしですか。
- そうですか。じゃあH社のにします。でも、べつの色ありませんか。
- では、こちらへどうぞ。
- たくさんありますね。おすすめはありますか。
- ええ、おすすめはこちらです。機能がたくさんついていて便利(べんり)です。
- 機能はあまりいらないんです。シンプルなのがいいです。
- はい、べつの色もございます。少々おまちください。
- では、このH社のはいかがですか。
- うーん、これはT社のとどこがちがいますか。
- ええ、すいはんきをさがしているんですが、どこにありますか。
- H社のはT社より、量(りょう)がたくさんたけます。

11

Sie haben auf einer Website etwas gekauft, aber die Ware entspricht nicht Ihren Vorstellungen. Sie beschweren sich telefonisch beim Kundenservice der Firma. Hören Sie sich den Modelldialog (Tr. 56) an und ersetzen Sie die unterstrichenen Stellen. Üben Sie dann den Dialog mit Tr. 57.

TR. 56

TR. 57

カスタマーサービス：

おまたせいたしました。
カスタマーサービスでございます。

客：

すみません、オンラインで商品を注文したんですけど、
A 動(うご)かないんです。B 交換(こうかん)してほしいんですが。

かしこまりました。おてつづきをいたします。

例）	A 動かない	B 交換する
1.	A こわれていた	B 新しいのを送る
2.	A 色がちがう	B 取りかえる
3.	A 気に入らない	B 返品させる

12

Wenn ein Wort die wichtigere Information beinhaltet, wird es höher als andere Wörter gesprochen. Hören Sie die CD und sprechen Sie nach.

TR. 58

きょう友だちと町で買い物しました。
きょう友だちと町で買い物しました。
きょう友だちと町で買い物しました。
きょう友だちと町で買い物しました。

LEKTION 10

1

TR. 59 Hören Sie sich die folgenden Wörter an.

Kulturtipp

キャラべん
(Charakter + Bento)

Für das Mittagessen im Kindergarten geben die Eltern den Kindern eine Lunchbox mit. Manchmal werden die Lebensmittel mit beliebten Figuren verziert, den sogenannten キャラべん.

結婚する

プロポーズする

婚約する

世話をする

せんたくする

お皿をあらう

せんたくものをたたむ

おべんとうを作る

2

TR. 60 Hören Sie sich den Dialog an und schreiben Sie die Verben in Klammern in der passenden Form in die Lücken.

Freya: ９月にドイツに 1.______________（かえる）と思っています。

Shohei: …かえってほしくない。

Freya: でも…

Shohei: 結婚 2.______________（する）！

Freya: え…？

Shohei: ずっとプロポーズ 3.______________（する）と思っていた…

Freya: 本当に？　びっくりした。

Shohei: 今すぐ婚約 4.______________（する）！

Freya: ちょっととつぜんで…

Shohei: 今からデパートでゆびわを 5.______________（買う）か。

3

Hören Sie in den Interviews, wie die Leute ihre Kinder dazu bringen, im Haushalt zu helfen. Ordnen Sie die richtigen Bilder den Personen zu.  TR. 61

お子さんに毎日(まいにち)
何かお手伝(てつだ)いさせていますか？

例） A 1. ____ 2. ____ 3. ____ 4. ____ 5. ____

A

B

C

D

E

F

Sprachtipp

Den Ausdruck ～ている wird auch für regelmäßige Aktivitäten und Gewohnheiten verwendet.

毎朝ジョギングしています
Ich jogge jeden Morgen.

Sprachtipp

Fragewort + か
なにか = irgendetwas
だれか = irgendjemand
どこか = irgendwo
いつか = irgendwann

Fragewort + も + Verneinung
なにも ～ない = nichts
なにも食べない
Ich esse nichts
だれも～ない = niemand
だれもいない
Niemand ist da.
どこも～ない +
店はどこもあいていない
Keine Geschäfte haben auf.

Aber いつも = immer

4

§ 11 Lesen Sie die Monologe von Shohei und Freya, die die momentanen Gefühle der beiden zeigen. Unterstreichen Sie die Verben in der intentionalen Form.

Sprachtipp

Die Intentionalform wird häufig bei einem Monolog oder Selbstgespräch verwendet. Dabei drückt das Verb den Willen des Sprechers aus.

勝平（しょうへい）の気持（きも）ち

「ずっといっしょにいよう」って言おうと思っていた。これからも色々な所（ところ）にいっしょに遊（あそ）びに行こう！　きれいな景色（けしき）をいっしょに見よう！　フレヤがドイツに帰るなら、ぼくもドイツに行こうと思っていた。フレヤがOKしてくれたのはうれしい。でも、ぼくのために日本にずっといてもらってもうしわけない。

Sprachtipp

一年に一度 = einmal im Jahr

Zeitraum に X 度 = X-mal im Zeitraum

フレヤの気持ち

勝平さんに「結婚しよう」といわれて、とてもびっくりした。ドイツに帰ろうと思っていたし、遠（とお）いからわかれようと思っていた。プロポーズはうれしいけど。両親の近（ちか）くじゃないのはさびしい。勝平さんといっしょに幸せになろう。でも、一年に一度はドイツにかえろう。

Intentionalform

～よう ist die informelle Form von ～ましょう und wird für Aufforderungen, Vorschläge oder Willensäußerungen verwendet.

Formbildung:							
1. Gruppe	見る	→	見よう	食べる	→	食べよう
2. Gruppe	行く	→	行こう	会う	→	会おう
Unregelm.	する	→	しよう	くる	→	こよう

結婚しよう！	Lass uns heiraten!	→	Aufforderung
結婚しようか	Wollen wir heiraten?	→	Vorschlag
結婚しよう (Monolog)	Ich will sie heiraten!	→	Willensäußerung

5

Lesen Sie die Sätze und unterstreichen Sie jeweils die Person, die die Handlung durchführt.  6.2.4

例）私は<u>子ども</u>におさらをあらわせました。

1. 私は両親に子どもを幼稚園（ようちえん）にむかえにいってもらいました。
2. 両親は私にピアノを習わせました。
3. 子どもにゲームをやめさせました。
4. 子どもにせんたくものをたたませました。
5. 父に駅まで車で送ってもらいました。

6

Die Tabelle zeigt die Wünsche der Eltern, was ihre Kinder neben der Schule lernen sollen. Ordnen Sie die Begründungen (rechts) den passenden Unterrichtsfächern (links) zu.  12

２０１７年　親が子どもに習わせたい習い事ランキング

ランキング				どうして習わせたいか
1 位	☐	プログラミング	A	外国の大学に行かせたい
2 位	☐	英会話（えいかいわ）	B	きれいな字（じ）を書（か）かせたい
3 位	☐	ピアノ	C	海（うみ）や川（かわ）で死（し）なせたくない
4 位	☐	スイミング	D	将来のスキルをみにつけさせたい
5 位	☐	書道（しょどう）	E	音楽にふれさせたい

Sprachtipp

Das Kausativ verhält sich wie die Verben der 1. Gruppe:

(Grundform) 食べさせる
(Masu-Form) 食べさせます
(Te-Form) 食べさせて
(Nai-Form) 食べさせない
(Tai-Form) 食べさせたい

Kausativ

Wenn jemand eine andere Person etwas tun lässt, wird die Kausativform verwendet.

Formbildung:					
1. Gruppe	見る	→ 見させる	食べる	→	食べさせる
2. Gruppe	行く	→ 行かせる	会う	→	会わせる
Unregelm.	する	→ させる	くる	→	こさせる

Die Person, die Handlung ausführt, wird mit に markiert.

7

Freya schlägt verschiedene Sachen für ihr gemeinsames Leben mit Shohei vor. Shohei will alle ihre Wünsche erfüllen und bestätigt jedes Mal die Wünsche. Schreiben Sie Shoheis Antworten in der Intentionalform.

例） **Freya:** じゃあ、おたがいの両親に会いましょう！

Shohei: うん　おたがいの両親に会おう！

1. **Freya:** 結婚式（しき）は教会（きょうかい）であげましょう！

   Shohei: うん、________________

2. **Freya:** しずかな町に住みましょう！

   Shohei: うん、________________

3. **Freya:** 二人で幸せになりましょう！

   Shohei: うん、________________

Kulturtipp

In Japan kann man shintoistisch im Schrein heiraten. Aber es ist auch nicht unüblich, christlich zu heiraten. Man muss dazu nicht unbedingt christlich sein. Viele große Hotels haben eine Kirche oder Kapelle für die Hochzeit, aber der Priester dort ist nicht unbedingt ein echter Priester, sondern vielleicht einfach ein europäisch aussehender Mann.

8

Freya und Shohei reden darüber, wer was im Haushalt übernimmt. Schreiben Sie passende Angebote anhand der Antworten.

例） **Shohei:** ぼくが　料理しようか

Freya: ええ、じゃあ、料理をしてくれますか。

1. **Shohei:** ぼくが、________________

   Freya: そうじきは私がかけますよ。ロボットそうじきがありますし。

2. **Shohei:** ぼくが、________________

   Freya: ええ、じゃあ、ごみをだしてくれますか。

3. **Freya:** 私が、________________

   Shohei: おさらはぼくがあらうよ。

9

Lesen Sie die Sätze und schreiben Sie sie wie im Beispiel in die Kausativform um.

例） 子どもはゲームをしたいと思っています。

→（はい） 親は子どもにゲームをさせます。

→（いいえ） 親は子どもにゲームをさせません。

1. 子どもはピアノを習いたいと思っています。

   （はい） ________________________

2. 子どもはマンガをよみたいと思っています。

   （いいえ） ________________________

3. 子どもは外に遊びに行きたいと思っています。

   （はい） ________________________

4. 子どもはテレビが見たいと思っています。

   （いいえ） ________________________

5. 子どもは学校を休みたいと思っています。

   （はい） ________________________

Kanji-Fokus

けっこん	てつだ	あそ	しあわ	りょうしん
結婚	手伝う	遊ぶ	幸せ	両親
なら	がっこう	しょうらい	おんがく	かてい
習う	学校	将来	音楽	家庭

10

TR. 62

Ein Japaner besucht die Eltern seiner Freundin, um um ihre Hand anzuhalten. Hören Sie die Konversation. Merken Sie sich typische Floskeln bei einem Besuch und finden Sie Redewendungen mit Kausativ- und Intentionalform.

(Am Eingang)

Mutter: いらっしゃい

Mann: はじめまして。
本日（ほんじつ）はお時間をありがとうございます。

Mutter: どうぞおあがりください。

Mann: しつれいします。

Mutter: こちらへどうぞ。

Mann: ありがとうございます。あの、これつまらないものですが…

Mutter: まあ、ありがとうございます。

(In der Wohnung)

Mann: おじょうさんとおつきあいさせていただいている村上（むらかみ）です。

Vater: ああ、むすめから聞（き）いているよ。

Mann: 本日（ほんじつ）は結婚のごあいさつにまいりました。
二人で幸せな家庭（かてい）をつくろうと思っています。
どうぞよろしくおねがいします。

Sprachtipp

〜ていただく ist die extrahöfliche Form von 〜てもらう

11

Freya und Shohei erzählen ihre Meinungen zur Erziehung ihrer künftigen Kinder. Hören Sie sich den Dialog an und sprechen Sie nach, indem Sie die in Klammern stehenden Verben durch die Kausativform ersetzen.

TR. 63

Freya: たくさん子どもがほしいです。

Shohei: うん、そうだね！

Freya: 子どもには体にいいものを　（食べる）__________ たいです。

Shohei: がんばってぼくが毎日料理するよ！

Freya: 少し大きくなったら色々お手伝いしてもらおうと思っています。

Shohei: うん、お皿を　（あらう）__________　たり、
ペットの　（世話をする）__________　たり…

Freya: それから、バイオリンを　（習う）__________　ましょう。

Shohei: いいね、そうしよう！

Freya: 英会話にも　（行く）__________　ましょう。

Shohei: うん。

Freya: ヨーロッパの大学に　（行く）__________ ようと思っています。

Shohei: え、それはだめだよ。あっちで結婚してしまうかもしれないよ。そしたら子どもに会えないよ。外国には行かせない！

Freya: え？　私と結婚するのに？？？

Sprachtipp

Japaner sagen nicht so gerne direkt „Nein“. Wenn Japaner mit かんがえさせてください antworten, heißt es möglicherweise „Nein“.

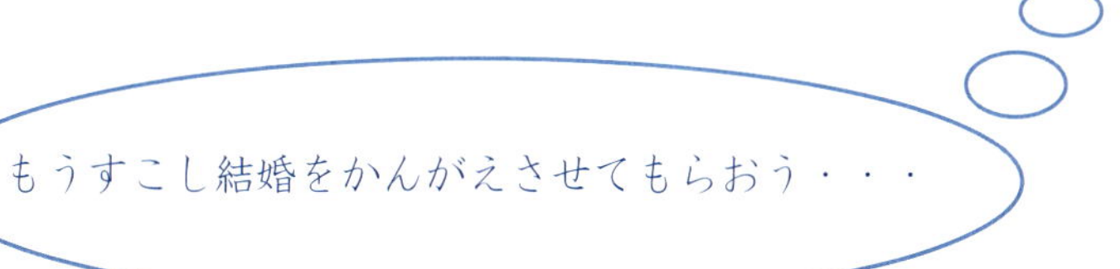

1

Sie können nun …

jemanden um Hilfe bitten.

Vervollständigen Sie den Dialog mit den Wörtern im Kästchen unten. Bringen Sie die Verben in die passende Form. Erklären Sie Ihre Situation mit dem indirekten Passiv.

A: すみません、ちょっと__________(1)んです。助けて__________(2)。

B: __________(3)んですか？

A: 電車の中でかばんを__________(4)んです。

B: それは__________(5)ですね！ 駅の人に__________(6)ましょう。

いっしょに行って__________(7)。

A: 助かります。ありがとうございます。

どうした　困る　もらえる　取る　言う　たいへん　あげる

2

Sie können auch …

Wohnungswünsche äußern.

Bitte beschreiben Sie Ihre Wunschwohnung:

Am wichtigsten	Miete
Wünschenswert	sonnig
Akzeptabel	weit weg vom Bahnhof

A: どんな家に住みたいんですか。

B: そうですね、一ばんだいじなのは__________(1)です。

__________(2)ほうがいいですね。

駅から__________(3)てもいいです。

A: そうですか。

3

In der Lektion 7 haben Sie gelernt …

zwei Gegenstände zu vergleichen.

Vergleichen Sie die beiden Wohnungen und bilden Sie Komparativsätze.

	A	B
家賃（やちん）	２７０００円	６５０００円
間取り（まどり）	１ＤＫ （３５㎡）	１ＤＫ （３０㎡）
築年数（ちくねんすう）	３５年	２年
駅まで	徒歩（とほ）２０分	徒歩（とほ）５分

1. やちんは____________________高いです。
2. まどりは____________________ひろいです。
3. ちくねんすうは____________________古いです。
4. 駅までは____________________近いです。

4

In Lektion 8 ging es darum, …

verschiedene Berufe zu beschreiben.

Beschreiben Sie den Beruf eines Englischlehrers an der Schule. Ergänzen Sie die Lücken mit den Wörtern im Kästchen unten. Bringen Sie dabei die Verben in die passende Form.

私の仕事はえいごの________(1)です。えいごが________(2)し、子どもが________(3)し、気に入っています。まいにちじゅぎょうでうたを________(4)、本を________(5)します。とても________(6)があります。でも______(7)が多いし、________(8)だし、たいへんです。

やりがい　　好き　　人手不足（ひとでぶそく）　　よむ
残業（ざんぎょう）　　きょうし　　話す　　うたう

5

In der Lektion 8 haben Sie zum ersten Mal *Keigo* kennengelernt und damit gelernt, wie Sie …

sich telefonisch für eine Stelle bewerben.

Vervollständigen Sie das Telefongespräch. Schreiben Sie die Verben in den Klammern in der besonders höflichen Form (*Keigo*).

鈴木: すみません。すずきと______________(1)（言います）。

サイトできゅうじんこうこくを______________(2)（見ました）。

たんとうのはやしさん______________(3)（いますか）。

ひしょ: はい、しょうしょう______________(4)（まってください）。

林: はい、はやしです。ごおうぼですね。

では、まずりれきしょを______________(5)（おくってください）。

鈴木: よろしくおねがいします。

6

In der Lektion 9 haben Sie geübt, …

Kaufwünsche beim Einkaufen im Laden genau zu erklären.

Bitte beschreiben Sie Ihren Kaufwunsch im Geschäft.

店員: いらっしゃいませ、なにかおさがしですか。

客: スニーカーを__________________。

__________________やすいのありますか？

(bequem zu tragen)

店員: では、こちらはいかがでしょうか。

客: ちょっと大きいです。__________________。

(Haben Sie eine andere Größe?)

店員: かしこまりました。少々おまちください。

7

Außerdem haben Sie gelernt, wie Sie …

sich beim Kundenservice beschweren.

Ergänzen Sie die Lücken.

客：　すみません。これ今＿＿＿＿＿＿＿＿けど、
　　　よごれているんです。ほかのと＿＿＿＿＿＿＿＿＿＿＿＿。

店員：もうしわけありません。げんぴんかぎりとなっています。

客：　じゃあ、＿＿＿＿＿＿＿＿＿＿＿＿＿＿。

店員：かしこまりました。お金をお返しします。

8

In der Lektion 10 haben Sie gelernt, wie man mit Hilfe des Kausativs …

über Kindererziehung spricht.

Schreiben Sie die Sätze mit dem Kausativ um.

1. 子どもにべんきょうしてほしいです。
   → ＿＿＿＿＿＿＿＿＿＿＿＿＿＿たいです。
2. 子どもにやさいを食べてほしいです。
   → ＿＿＿＿＿＿＿＿＿＿＿＿＿＿たいです。
3. 子どもに外国の大学に行ってほしいです。
   → ＿＿＿＿＿＿＿＿＿＿＿＿＿＿たいです。

9

Mit der Intentionalform des Verbs können Sie außerdem …

die Aufteilung der Haushaltsaufgaben vorschlagen.

Schlagen Sie vor, welche Aufgaben Sie übernehmen wollen.

料理する → ＿＿＿＿＿(1)か。（お）さらをあらう → ＿＿＿＿＿(2)か。

アイロンをかける → ＿＿＿＿＿＿＿(3)か。

せんたくものをたたむ → ＿＿＿＿＿＿＿＿＿(4)か。

ANHANG

1

Lektionswortschatz

2

Lösungen zu den Übungen

3

Audiotexte und Übersetzungen CD 1 + CD 2

4

Systematische Grammatik

5

Alphabetische Wortliste Japanisch – Deutsch

6

Alphabetische Wortliste Deutsch – Japanisch

Japanisch – Silbenschrift	Japanisch – Kanji	Deutsch	Nr.
Lektion 1			
いろいろ	色々	viele	Ü1
ひとびと	人々	Leute	Ü1
わたし	私	ich	Ü1
いう	言う	sagen	Ü1
よぶ	呼ぶ	rufen	Ü1
ワーキングホリデー		Working Holiday	Ü1
はたらく	働く	arbeiten	Ü1
えいが	映画	Kino	Ü1
すく	好く	mögen	Ü1
しゅみ	趣味	Hobby	Ü1
こと	事	Sache	Ü1
うまれる	生まれる	geboren werden	Ü1
ボン		Bonn	Ü1
すむ	住む	wohnen	Ü1
フランクフルト		Frankfurt	Ü1
おおさか	大阪	Osaka	Ü2
いま	今	jetzt	Ü2
なら	奈良	Nara	Ü2
とくに	特に	besonders	Ü2
どの		welcher	Ü3
ひと	人	Mensch	Ü3
みずたまの	水玉の	gepunktet	Ü3
ワンピース		Einteiler	Ü3
きる	着る	anziehen, tragen	Ü3
しま	縞	Streifen	Ü3
はく	履く	anziehen, tragen *(Hose, Schuhe)*	Ü3
ジーンズ		Jeans	Ü3
ぼうし	帽子	Hut	Ü3
かぶる	被る	aufsetzen *(Hut etc.)*	Ü3
めがね		Brille	Ü3
かける	掛ける	tragen	Ü3
ネックレス		Halskette	Ü3
は	歯	Zahn	Ü4
きょうと	京都	Kyoto	Ü5
なかま	仲間	Freund	Ü5
ぼしゅう	募集	(Stellen-) Ausschreibung	Ü5
フォロー		folgen *(Social Media)*	Ü5
スポーツカー		Sportwagen	Ü5
がいこく	外国	Ausland	Ü5

はなす	話す	reden	Ü5
まず	先ず	zuerst	Ü5
ひっこす	引っ越す	umziehen *(Wohnort)*	Ü5
ちかい	近い	nah	Ü5
ちかくに	近くに	in der Nähe	Ü5
カフェ		Café	Ü5
オープンする		eröffnen	Ü5
スポーツサークル		Sportklub	Ü5
はいる	入る	eintreten	Ü5
いっしょに	一緒に	zusammen	Ü5
スポーツカフェ		Sportcafe	Ü5
あう	会う	sich treffen	Ü5
サッカー		Fußball	Ü5
...さま	様	Herr, Frau ... *(sehr höfl.)*	Ü6
とつぜん	突然	plötzlich	Ü6
ゲーム		Spiel	Ü6
プロフィール		Profil	Ü6
イベント		Ereignis	Ü6
きょうみ	興味	Interesse	Ü6
べんきょう	勉強	Studium, Lernen	Ü6
-ちゅう	-中	dabei ...	Ü6
とくい	得意	Zufriedenheit, starke Seite	Ü7
にがて	苦手	Schwachpunkt	Ü7
れい	例	Beispiel	Ü7
ほん	本	Buch	Ü7
はながら	花柄	Blumenmuster	Ü8
スカート		Rock	Ü8
マインツ		Mainz	Ü9
やすみ	休み	Pause, Freizeit	Ü9
なに	何	was?	Ü9
それほど（ない）		(nicht) so sehr ...	Ü9
ゆびわ	指輪	Ring *(Schmuck)*	Ü10
チェックの		kariert	Ü11

Lektion 2

ほめる	褒める	loben	Ü1
ふく	服	Kleidung	Ü1
かみがた	髪型	Frisur	Ü1
カラオケ		Karaoke	Ü1
ことば	言葉	Wort, Sprache	Ü1
かえる	替える	ändern	Ü1
ジャケット		Jacke	Ü1

すてき	素敵	wunderschön	Ü1
たかい	高い	hoch; teuer	Ü1
きのう	昨日	gestern	Ü1
かう	買う	kaufen	Ü1
やすい	安い	billig	Ü1
おきにいりの	お気に入りの	Lieblings....	Ü1
うた	歌	Lied, Gesang	Ü1
たいしたものだ	大したものだ	großartig	Ü1
とんでもない		überhaupt nicht	Ü1
できる	出来る	können	Ü1
すこしだけ	少しだけ	nur ein bisschen	Ü1
よさそう	良さそう	gut aussehend	Ü1
まだまだ		noch lange nicht	Ü1
やさしい	優しい	nett	Ü3
ケーキ		Kuchen	Ü3
たくさん	沢山	viele	Ü4
かれし	彼氏	Freund, Partner	Ü4
しゃしん	写真	Foto	Ü4
ばか	馬鹿	dumm	Ü4
つまらないものですが		eine Kleinigkeit für Sie *(besch.)*	Ü4
かんばん	看板	Hinweisschild	Ü5
カップ		Tasse	Ü5
はる	春	Frühling	Ü7
ジャンル		Genre	Ü7
サービス	サービス	Service	Ü7
ねだん	値段	Preis	Ü7
ひる	昼	Mittag	Ü7
ゆったり		entspannt	Ü7
ふんいき	雰囲気	Atmosphäre	Ü7
みせ	店	Geschäft, Laden	Ü7
てんしゅ	店主	Ladeninhaber	Ü7
いごこち	居心地	Gemütlichkeit	Ü7
もちろん	勿論	selbstverständlich	Ü7
ぜっぴん	絶品	exzellentes Werk	Ü7
すこし	少し	wenig	Ü7
ランチ		Mittagessen	Ü7
リーズナブル		günstig, vernünftig	Ü7
すすめ	勧め	Empfehlung	Ü7
ことし	今年	dieses Jahr	Ü7
ほんかくてき	本格的	authentisch, ernsthaft	Ü7
こじんまり		klein, aber fein	Ü7
カレー		japanischer Curryreis	Ü7

にんき	人気	beliebt	Ü7
おそい	遅い	spät, langsam	Ü7
あじ	味	Geschmack	Ü7
ほしょう	保証	Garantie	Ü7
ちょっと		ein bisschen	Ü7
みつける	見つける	finden	Ü7
...にくい	...難い	schwer zu ...	Ü7
...ので		weil	Ü7
ちゅうい	注意	Vorsicht	Ü7
ポイント		Punkte	Ü8
もらう	貰う	bekommen	Ü9
ハンバーガ		Hamburger *(kul.)*	Ü11
かるい	軽い	leicht *(Gewicht)*	Ü11
リュックサック		Rucksack	Ü11
もつ	持つ	halten	Ü11
しょうゆ	醤油	Sojasoße	Ü12
おばさん		Tante	Ü13
おばあさん		Großmutter	Ü13
こうこう	高校	Oberschule	Ü13
いけ	池	Teich	Ü13
いけん	意見	Meinung	Ü13
あき	秋	Herbst	Ü13
あんき	暗記	auswendig	Ü13
かこ	過去	Vergangenheit	Ü13
かっこ	括弧	Klammer	Ü13
もしかして		eventuell	Ü14
デート		Verabredung	Ü14
だから		deshalb	Ü14
ぼく	僕	ich *(Mann)*	Ü15
びよういん	美容院	Friseursalon	Ü15
つかう	使う	benutzen	Ü15
つかいやすい	使いやすい	bedienungsfreundlich	Ü15

Lektion 3

さいがい	災害	Katastrophe	Ü1
アラーム		Alarm	Ü1
じしん	地震	Erdbeben	Ü1
たいふう	台風	Taifun	Ü1
つなみ	津波	Tsunami	Ü1
かじ	火事	Feuer	Ü1
けいほう	警報	Alarm, Warnung	Ü1
ひなん	避難	Zuflucht, Schutz	Ü1

ひなんじょ	避難所	Katastrophensammelstelle	Ü1
ひじょうぐち	非常口	Notausgang	Ü1
あんぜん	安全	Sicherheit	Ü1
かい	階	Stockwerk	Ü3
オフィス		Büro	Ü3
エレベーター		Aufzug	Ü3
あぶない	危ない	gefährlich	Ü3
ひくい	低い	niedrig	Ü3
にげる	逃げる	fliehen	Ü3
タオル		Handtuch	Ü3
ハンカチ		Taschentuch	Ü3
くち	口	Mund	Ü3
あてる	充てる	verwenden	Ü3
きんきゅう	緊急	dringend	Ü3
そくほう	速報	Eilmeldung	Ü3
もうすぐ		gleich, in Kürze	Ü3
ゆれる	揺れる	beben	Ü3
じぶん	自分	selbst	Ü3
かくほ	確保	Sicherung	Ü3
まど	窓	Fenster	Ü3
そば	側	Nähe	Ü3
かぐ	家具	Möbel	Ü3
おちる	落ちる	fallen	Ü3
つくえ	机	Schreibtisch	Ü3
たかさ	高さ	Höhe	Ü3
すぐに	直ぐに	sofort	Ü3
ところ	所	Ort, Punkt	Ü3
うみ	海	Meer	Ü3
かわ	川	Fluss	Ü3
あめ	雨	Regen	Ü3
かぜ	風	Wind	Ü3
やま	山	Berg	Ü3
いし	石	Stein	Ü3
みず	水	Wasser *(kalt)*	Ü3
ふえる	増える	wachsen	Ü3
でる	出る	hinausgehen	Ü3
しておく		vorbereiten	Ü4
たべもの	食べ物	Essen	Ü4
でんき	電気	Strom, Elektronik	Ü4
とまる	止まる	anhalten, stoppen	Ü4
かいちゅうでんとう	懐中電灯	Taschenlampe	Ü4
ラジオ		Radio	Ü4

じゅんび	準備	Vorbereitung	Ü4
ぜんぶ	全部	alle	Ü4
かばん	鞄	Tasche	Ü4
いれる	入れる	hineintun	Ü4
なるほど	成る程	genau, ganz klar	Ü4
とき	時	Zeit	Ü4
よく		oft	Ü4
たおれる	倒れる	umfallen	Ü4
へや	部屋	Zimmer	Ü4
ばしょ	場所	Ort, Platz	Ü4
しらべる	調べる	sich erkundigen	Ü4
よしん	余震	Nachbeben	Ü5
しんど	震度	Erdbebenstärke	Ü5
マグニチュード		Magnitude	Ü5
ゆれ	揺れ	Beben	Ü5
たいいくかん	体育館	Turnhalle	Ü5
こうずい	洪水	Überschwemmung	Ü5
そなえる	備える	vorbereiten, sich ausrüsten	Ü5
いえ	家	Haus	Ü6
テーブル		Tisch	Ü6
うごく	動く	sich bewegen	Ü6
けす	消す	ausmachen	Ü6
ブレーカー		Sicherung *(elektr.)*	Ü6
スイッチ		Schalter	Ü6
ビル		Gebäude	Ü6
ガラス		Glas	Ü6
われる	割れる	zerbrechen	Ü6
まもる	守る	schützen	Ü6
ブロック		Klotz, Block	Ü6
へい	塀	Mauer, Zaun	Ü6
こわれる	壊れる	kaputtgehen, zerbrechen	Ü6
しばらく	暫く	eine Weile	Ü6
とまる	泊まる	bleiben	Ü6
みち	道	Weg, Straße	Ü8
あした	明日	morgen	Ü8
ちず	地図	Landkarte	Ü9
かぞく	家族	Familie	Ü9
おちつく	落ち着く	sich beruhigen	Ü11
こわい	怖い	Angst erregend	Ü11
きえる	消える	ausgehen	Ü11
ろうそく	蝋燭	Kerze	Ü11
つける	点ける	anzünden, anmachen	Ü11

まつ	待つ	warten	Ü11
インターネット		Internet	Ü11
なみだ	涙	Tränen	Ü12

Lektion 4

めちゃくちゃ	目茶苦茶	durcheinander	Ü1
ゆか	床	Boden	Ü1
よごれる	汚れる	schmutzig werden	Ü1
しまう	仕舞う	beenden, erleiden	Ü1
ガス		Gas	Ü1
き	木	Baum	Ü1
レストラン		Restaurant	Ü1
ふさがる	塞がる	verstopfen	Ü1
こんでいる	混んでいる	voll sein	Ü1
しまる	閉まる	zugehen	Ü1
あつまる	集まる	sammeln	Ü1
おおや	大家	Vermieter	Ü2
きっと		bestimmt	Ü2
むかし	昔	alt, vor langer Zeit	Ü2
こうべ	神戸	Kobe	Ü2
はし	橋	Brücke	Ü2
あたらしい	新しい	neu	Ü2
ショック		Schock	Ü2
しょうてんがい	商店街	Einkaufsstraße	Ü3
おもしろい	面白い	interessant	Ü3
うる	売る	verkaufen	Ü3
アメリカむら	アメリカ村	Amerika-mura *(Stadtteil Osaka)*	Ü3
おおさかじょう	大阪城	Burg von Osaka	Ü3
ふるい	古い	alt	Ü3
ゆうめい	有名	berühmt	Ü3
おしろ	お城	Schloss	Ü3
コンサートホール		Konzerthalle	Ü3
ゆうえんち	遊園地	Vergnügungspark	Ü3
テーマパーク		Themenpark	Ü3
にぎやか	賑やか	lebhaft	Ü3
しずか	静か	ruhig	Ü3
おてら	お寺	Tempel	Ü3
しか		nur	Ü3
ネオン		Leuchtreklame	Ü3
あいている	開いている	geöffnet	Ü4
でも		aber	Ü5
すくない	少ない	wenig, gering	Ü5

アルプス		Alpen	Ü9
あと	後	nach	Ü10
ぜひ	是非	unbedingt	Ü13
いちど	一度	einmal	Ü13
ブランデンブルクもん	ブランデンブルク門	Brandenburger Tor	Ü13
はし	箸	Essstäbchen	Ü13

Lektion 5

げきじょう	劇場	Theater	Ü1
ミュージカル		Musical	Ü1
チケット		Ticket	Ü1
ほしい	欲しい	wollen	Ü1
なんまい	何枚	wie viele?	Ü1
～まい	～枚	*Zählwort:* flache Objekte	Ü1
おねがいします	お願いします	Bitte … *(um etwas bitten)*	Ü1
パンフレット		Broschüre	Ü1
～さつ	～冊	*Zählwort:* Bücher, Zeitschrift	Ü1
かさ	傘	Schirm	Ü1
～ほん	～本	*Zählwort:* lange, schmale Objekte	Ü1
おにぎり		Onigiri	Ü1
～こ	～個	*Zählwort:* Stück	Ü1
～ひき	～匹	*Zählwort:* Tiere	Ü1
どうやって		wie …?	Ü2
まっすぐ	真っ直ぐ	geradeaus	Ü2
つきあたり	突き当たり	Endpunkt	Ü2
はくぶつかん	博物館	Museum	Ü2
おしえる	教える	lehren, erklären	Ü2
つぎ	次	nächste(r)	Ü2
かど	角	Ecke	Ü2
まがる	曲がる	abbiegen	Ü2
みぎがわ	右側	rechte Seite	Ü2
しんごう	信号	Ampel	Ü2
わたる	渡る	überqueren, vorbeigehen	Ü2
ばいてん	売店	Kiosk	Ü2
おりる	降りる	herabsteigen	Ü2
し	市	Stadt	Ü3
たてる	建てる	bauen	Ü3
かんじょうせん	環状線	Ringlinie	Ü3
かく	欠く	fehlen	Ü4
あめ	飴	Bonbon	Ü4
いつか		irgendwann	Ü4
いつか	五日	fünf Tage	Ü4

いきかた	行き方	Wegbeschreibung	Ü6
ファン		Fan	Ü7
～ねん	～年	~ Jahre	Ü7
とし	年	Jahr	Ü7
だいぶつ	大仏	große Buddhastatue	Ü7
～かい	～回	~ mal	Ü7
はつめい	発明	Erfindung	Ü7
しる	知る	wissen	Ü7
たたむ	畳む	falten	Ü7
らくご	落語	Rakugo *(jap. Comedy)*	Ü7
さどう	茶道	Teezeremonie	Ü7
もちいる	用いる	benutzen, gebrauchen	Ü7
あい	愛	Liebe	Ü7
ステージ		Bühne	Ü7
うたう	歌う	singen	Ü7
おおい	多い	viele	Ü7
しられている	知られている	bekannt	Ü7
こうさてん	交差点	Kreuzung	Ü9
ノイシュバンシュタインじょう	ノイシュバンシュタイン城	Schloss Neuschwanstein	Ü10
ルードヴィヒ２せい	ルードヴィヒ２世	Ludwig der II.	Ü10
てつどう	鉄道	Eisenbahn	Ü10
えほん	絵本	Bilderbuch	Ü10
きょうだい	兄弟	Brüder	Ü10
ペン		Stift	Ü11
サンドイッチ		Sandwich	Ü11
たからづか	宝塚	Takarazuka *(Stadt Präf. Hyogo)*	Ü13
おんなのひと	女の人	Frau	Ü13
えんじる	演じる	aufführen, darstellen	Ü13
ヨーロッパ		Europa	Ü13
はなし	話	Gespräch, Geschichte	Ü13
なんかいも	何回も	immer wieder	Ü13
じょうえん	上演	Aufführung	Ü13
マンガ		Comic, Manga	Ü13
かみさま	神様	Gott	Ü13
したしませる	親しませる	nahebringen	Ü13
ミュージアムショップ		Museumsshop	Ü13
グッズ		Waren	Ü13
ハンブルグ		Hamburg	Ü13
くに	国	Land	Ü13
オペラざのかいじん	オペラ座の怪人	Phantom der Oper	Ü13
しちょうしゃ	市庁舎	Rathaus	Ü13

しんじゅ	真珠	Perle	Ü13
フィッシュマルクト		Fischmarkt	Ü13

Lektion 6

たすける	助ける	helfen	Ü1
どろぼう	泥棒	Dieb, Räuber	Ü1
かぎ	鍵	Schlüssel	Ü1
あける	開ける	öffnen	Ü1
される	曝れる	(Wetter) ausgesetzt sein	Ü1
しょっきだな	食器棚	Geschirrschrank	Ü1
しょっき	食器	Geschirr	Ü1
パソコン		Computer	Ü1
ぬすむ	盗む	stehlen	Ü1
よごす	汚す	schmutzig machen	Ü1
きず	傷	Verletzung, Beschädigung	Ü1
ふとん	布団	Futon	Ü1
ぬれる	濡れる	nass werden	Ü1
ちゃぶだい		Klapptisch	Ü2
あげる		geben	Ü2
くれる		geben	Ü2
あまっている	余っている	übrig sein	Ü2
たな	棚	Regal	Ü2
べんり	便利	bequem, nützlich	Ü2
こまる	困る	in Schwierigkeiten sein	Ü3
どうしたんですか		Was ist los?	Ü3
けいさつ	警察	Polizei	Ü3
とめる	泊める	übernachten lassen, unterbringen	Ü3
つれていく	連れて行く	jmd begleiten	Ü3
コンピュータ		Computer	Ü5
かくやす	格安	preiswert	Ü6
むりょう	無料	kostenlos	Ü6
ゆずる	譲る	schenken, verkaufen	Ü6
しよう	使用	Gebrauch, Benutzung	Ü6
かかく	価格	Preis	Ü6
メール		Post, E-Mail	Ü6
さがす	探す	suchen	Ü6
とる	取る	nehmen, stehlen	Ü11
おかげで		dank …	Ü13

Lektion 7

いえさがし	家探し	Wohnungssuche	Ü1
いちばん	一番	Nr. 1, am besten *(Superlativ)*	Ü1
だいじ	大事	wichtig	Ü1

1

オートロック		Sicherheitssystem *(Apartmenthaus)*	Ü1
アンケート		Umfrage	Ü1
じょうけん	条件	Bedingung	Ü1
まどり	間取り	Schnitt einer Wohnung	Ü1
やちん	家賃	Miete	Ü1
セキュリティ		Sicherheit, Security	Ü1
かんきょう	環境	Umwelt, Umgebung	Ü1
ひろさ	広さ	Ausdehnung, Breite	Ü1
もより	最寄り	nächste(r)	Ü1
ちくねんすう	築年数	Baujahr	Ü1
とおい	遠い	weit weg	Ü1
ひあたり（がいい：わるい）	日当たり	Sonnenlage *(nicht: sonnig)*	Ü1
しんせつ	親切	freundlich	Ü1
じゅうにん	住人	Bewohner	Ü1
スーパー		Supermarkt	Ü1
ひとりぐらし	一人暮らし	allein lebend	Ü1
やはり		tatsächlich, noch immer	Ü1
きゅうりょう	給料	Lohn	Ü1
きがえる	着替える	sich umziehen	Ü1
とかい	都会	(Groß-) Stadt	Ü1
ふあん		Unsicherheit, Sorge	Ü1
いや	嫌	nicht mögen; unangenehm	Ü1
しんちく	新築	Neubau	Ü1
はらう	払う	bezahlen	Ü1
ふうふ	夫婦	Ehepaar	Ü1
くらす	暮らす	leben (von)	Ü1
しょうらい	将来	Zukunft	Ü1
まわり	周り	Umgebung	Ü1
しぜん	自然	Natur	Ü1
そだてる	育てる	großziehen	Ü1
しかたがない	仕方がない	nicht zu ändern	Ü1
しゅふ	主婦	Hausfrau	Ü1
ろうご	老後	Lebensabend	Ü1
おもう	思う	denken, glauben	Ü1
にわ	庭	Garten	Ü1
ガーデニング		Gartenarbeit	Ü1
より		als	Ü2
ほう	方	Richtung	Ü2
だいぶ	大分	ziemlich	Ü2
しっかり		fest, entschlossen	Ü2
ついて		mit …, … betreffend	Ü2

もんだい	問題	Problem	Ü2
おこさんたち	お子さんたち	ihre Kinder *(höfl.)*	Ü2
うれしい	嬉しい	glücklich	Ü2
ただ	唯	nur, aber	Ü2
かわりに	代わりに	stattdessen	Ü2
ちんたい	賃貸	Vermietung, Mietwohnung	Ü3
もちいえ	持ち家	Eigentumswohnung	Ü3
タイプチェック		Persönlichkeitstest	Ü3
じゆう	自由	frei, unabhängig	Ü3
ライフスタイル		Lifestyle	Ü3
しばる	縛る	binden, fesseln	Ü3
デザイン		Design	Ü3
リノベーション		Renovierung	Ü3
しさん	資産	Vermögen, Eigentum	Ü3
のこす	残す	übrig lassen	Ü3
トラブル		Problem	Ü3
リスク		Risiko	Ü3
じっか	実家	Elternhaus	Ü3
にせたいじゅうたく	二世帯住宅	ZweiGenerationenHaus	Ü4
さんせい	賛成	Zustimmung	Ü4
はんたい	反対	Widerspruch	Ü4
おかね	お金	Geld	Ü4
なか	仲	persönliche Beziehung	Ü4
たがいに	互いに	gegenseitig	Ü4
きをつかう	気を使う	aufpassen, Rücksicht nehmen	Ü4
わかれる	分かれる	sich teilen	Ü4
プライバシー		Privatsphäre	Ü4
くちをだす	口を出す	sich einmischen	Ü4
ストレス		Stress	Ü4
ともばたらき	共働き	Doppelverdiener	Ü4
そふぼ	祖父母	Großeltern	Ü4
なかよく	仲良く	harmonisch, vertraut	Ü4
としをとる	年をとる	alt werden	Ü4
せたい	世帯	Haushalt, Familie	Ü4
うるさい	煩い	laut, störend	Ü4
とほ	徒歩	zu Fuß	Ü5
(1)まんえん	(1)万円	10.000 Yen	Ü5
ふぼ	父母	Vater und Mutter	Ü5
だい	代	Generation	Ü6
じゅうだい	１０代	Teenageralter	Ü6
だんし	男子	Männer	Ü6
じょし	女子	Frauen	Ü6

ねんだい	年代	Zeitalter, Generation	Ü6
(1)ばんめ	(1)番目	der erste	Ü
みつかる	見つかる	gefunden werden	Ü7
はやい	速い	schnell, bald	Ü7
～といいですね		Ich wünsche Ihnen ~	Ü7
きにいる	気に入る	gefallen, mögen	Ü8
せまい	狭い	eng	Ü8
ふべん	不便	Unbequemlichkeit, Nachteil	Ü8

Lektion 8

せんもんせい	専門性	Fachkenntnisse	Ü1
しゅうしょく	就職	Finden einer Arbeitsstelle	Ü1
やりがい がある	やり甲斐がある	der Mühe wert sein	Ü1
キャリア		Karriere	Ü1
つぶしがきく		anderweitig verwendbar *(Beruf)*	Ü1
てんしょく	転職	Arbeitsplatzwechsel	Ü1
むずかしい	難しい	schwierig	Ü1
きんむじかん	勤務時間	Geschäftszeit	Ü1
あまり	余り	übermäßig	Ü1
きびしい	厳しい	streng	Ü1
らく	樂	bequem, einfach	Ü1
たまる	溜まる	sich ansammeln	Ü1
いちにちじゅう	一日中	den ganzen Tag	Ü1
じっけん	実験	Experiment	Ü1
せかい	世界	Welt	Ü1
つかえる	使える	zu gebrauchen sein	Ü1
クレーム		Beschwerde	Ü1
きんむ	勤務	Arbeit, Dienst	Ü1
じかん	時間	Zeit, Stunde	Ü1
ふきそく	不規則	unregelmäßig	Ü1
すぎる	過ぎる	übertreiben, überschreiten	Ü1
にくたい	肉体	körperlich	Ü1
ろうどう	労働	Arbeit	Ü1
あつかう	扱う	sich kümmern	Ü1
とうさん	倒産	Insolvenz	Ü1
くびになる	首になる	entlassen werden	Ü1
あんてい	安定	stabil	Ü1
ざんぎょう	残業	Überstunden	Ü1
ひかくてき	比較的	verhältnismäßig	Ü1
ぶぶん	部分	Teil	Ü1
ノルマ		Norm	Ü1
こまかい	細かい	klein, ausführlich	Ü1

びょうき	病気	krank	Ü1
けが	怪我	Verletzung, Wunde	Ü1
おせわをする	お世話をする	Hilfe, Sorge, Unterstützung	Ü1
しかく	資格	Qualifikation	Ü1
いる	要る	brauchen, benötigen	Ü1
ひとで	人手	Arbeiter	Ü1
ひとでぶそく	人手不足	Arbeitskräftemangel	Ü1
つかれる	疲れる	ermüden	Ü1
ツアーコンダクター		Reiseleiter	Ü1
かんごし	看護師	Krankenpfleger	Ü1
けんきゅうしゃ	研究者	Wissenschaftler	Ü1
しょくぎょう	職業	Beruf	Ü2
つく	付く	kleben; dazugehören	Ü2
じむ	事務	Büroarbeit	Ü2
しゅうまつ	週末	Wochenende	Ü2
とれる	取れる	bekommen	Ü2
めざす	目指す	streben nach	Ü2
たべる	食べる	essen	Ü2
リストラ		Personalabbau	Ü2
たいせつ	大切	wichtig	Ü2
もうす	申す	sagen, *(besch.)* heißen	Ü3
サイト		Website	Ü3
きゅうじん	求人	Personalbeschaffung	Ü3
こうこく	広告	Werbeanzeige	Ü3
はいけん	拝見	sehen *(besch.)*	Ü3
たんとう	担当	Zuständiger	Ü3
いらっしゃる		sein *(höfl.)*	Ü3
しょうしょう	少々	ein wenig	Ü3
おまちください	お待ちください	Bitte warten Sie	Ü3
おうぼ	応募	Bewerbung	Ü3
りれきしょ	履歴書	Lebenslauf	Ü3
おくる	送る	verschicken	Ü3
めんせつ	面接	Vorstellungsgespräch	Ü3
ホールスタッフ		Wohnheimpersonal	Ü3
こうつう	交通	Verkehr	Ü3
...ひ	...費	Kosten *(für)*	Ü3
しきゅう	支給	Versorgung	Ü3
シフトせい	シフト制	Schichtsystem	Ü3
しゅう	週	Woche	Ü3
じきゅう	時給	Stundenlohn	Ü3
きゅうじつ	休日	Ruhetag	Ü3
うけいれる	受け入れる	aufnehmen	Ü5

ロボット		Roboter	Ü5
かんこうきゃく	観光客	Tourist	Ü5
あんない	案内	Auskunft	Ü5
かわる	代わる	getauscht werden	Ü5
テクノロジー		Technologie	Ü5
たとえば	例えば	zum Beispiel	Ü5
レジ		Ladenkasse	Ü5
バス		Bus	Ü5
うんてんしゅ	運転手	Fahrer	Ü5
データ		Daten	Ü5
にゅうりょく	入力	Eingabe *(EDV)*	Ü5
とくべつ	特別	speziell	Ü5
スキル		Fähigkeit	Ü5
ミュージシャン		Musiker	Ü5
びようし	美容師	Friseur	Ü5
クリエイティブ		kreativ	Ü5
アニメ		Anime	Ü7
プログラム		Computerprogramm	Ü8
すごす	過ごす	verbringen	Ü9
けんさ	検査	Untersuchung	Ü10
せっけい	設計	Design	Ü10
クライアント		Kunde	Ü10
かす	貸す	verleihen	Ü10

Lektion 9

すいはんき	炊飯器	Reiskocher	Ü1
こちら		dieses hier	Ü1
ごらいてん	ご来店	*(Begrüßung im Geschäft)*	Ü1
エアコン		Klimaanlage	Ü1
うりば	売り場	Verkaufsabteilung	Ü1
ちょうし	調子	Zustand	Ü1
スマホ		Smartphone	Ü1
ごらんください	ご覧ください	sehen Sie bitte *(höfl.)*	Ü1
かしこまりました		wie sie wünschen	Ü1
でんしレンジ	電子レンジ	Mikrowelle	Ü1
おもとめやすい	お求めやすい	günstig	Ü1
そうじき	掃除機	Staubsauger	Ü1
せんたくき	洗濯機	Waschmaschine	Ü1
おかいどく	お買い得	preisreduziert, günstig	Ü1
かんそうき	乾燥器	Trockner	Ü1
きのう	機能	Funktion	Ü1
うかがう	伺う	sich erkundigen, fragen	Ü1

れいぞうこ	冷蔵庫	Kühlschrank	Ü1
とりかえる	取り替える	umtauschen	Ü4
りょうしゅうしょ	領収書	Kassenzettel	Ü4
ほしょうきかん	保証期間	Garantiezeit	Ü4
しゅうり	修理	Reparatur	Ü4
ほしょうしょ	保証書	Garantieschein	Ü4
ちゅうもん	注文	Bestellung	Ü4
とどく	届く	liefern	Ü4
サイズ		Kleidergröße	Ü4
へんぴん	返品	Rückgabe	Ü4
げんぴん	現品	Ausstellungsexemplar	Ü4
かぎり	限り	beschränkt auf	Ü4
わりびき	割引	Preisnachlass	Ü4
なら		falls	Ü4
カテゴリー		Kategorie	Ü5
しゅうへんきき	周辺機器	Computerzubehör	Ü5
けんさく	検索	Index	Ü5
カラータブレットリーダー		Tabletcomputer, Reader	Ü5
モデル		Modell	Ü5
カスタマーレビュー		Kundenbewertung	Ü5
カラー		Farbe	Ü5
シルバー		silber	Ü5
ゴールド		golden	Ü5
しよう	仕様	Spezifikation	Ü5
インチ		Inch, Zoll	Ü5
じゅうりょう	重量	Gewicht	Ü5
リーダー		Lesegerät	Ü5
もとめる	求める	verlangen	Ü5
もっと		mehr	Ü5
じゅうぶん	十分	ausreichend	Ü5
がめん	画面	Bildschirm	Ü5
おと	音	Ton	Ü5
まんぞく	満足	Zufriedenheit	Ü5
とうちゃく	到着	Ankunft	Ü5
ちゅうこひん	中古品	Gebrauchtware	Ü6
きめる	決める	sich entscheiden	Ü6
フリーマーケット		Flohmarkt	Ü6
ネットショップ		Onlineshop	Ü6
はず	筈	sollte, Vermutung	Ü6
まなぶ	学ぶ	lernen	Ü6
ショッピングモール		Einkaufszentrum	Ü6
フードコート		Food-Court	Ü6

ブランド		Markenartikel	Ü6
えらぶ	選ぶ	wählen	Ü6
じもと	地元	lokal	Ü6
しょうひしゃ	消費者	Verbraucher	Ü6
ちいき	地域	Region	Ü6
けいざい	経済	Wirtschaft, Ökonomie	Ü6
メリット		Vorteil	Ü6
きゃく	客	Kunde	Ü7
てんいん	店員	Verkäufer	Ü7
りょう	量	Menge	Ü7
シンプル		einfach	Ü7
せいひん	製品	Waren	Ü7
あつい	熱い	heiß	Ü7
バリエーション		Variante	Ü7
メーカー		Hersteller	Ü7
へんきん	返金	Rückzahlung	Ü7
しょうひん	商品	Ware	Ü7
わるい	悪い	schlecht	Ü8
せんげつ	先月	letzter Monat	Ü8
ネット		Internet	Ü8
アプリ		App *(EDV)*	Ü9
たく	炊く	kochen	Ü10
おまたせいたしました	お待たせ致しました	Entschuldigung, dass ich Sie habe warten lassen	Ü11
カスタマーサービス		Kundenservice	Ü11
ございます		geben, haben *(höfl.)*	Ü11
オンライン		online	Ü11
こうかん	交換	Umtausch	Ü11
てつづき	手続き	Formalitäten	Ü11
いたす	致す	tun, machen	Ü11

Lektion 10

かてい	家庭	Haushalt	Ü1
プロポーズ		Heiratsantrag	Ü1
こんやく	婚約	Verlobung	Ü1
せわ	世話	Pflege	Ü1
せんたく	洗濯	Wäsche	Ü1
(1) がつ	(1)月	Monat (Januar)	Ü2
ずっと		viel, die ganze Zeit	Ü2
びっくり		Überraschung	Ü2
いますぐ	今すぐ	sofort	Ü2
てつだう	手伝う	helfen	Ü3
ペット		Haustier	Ü3

アイロン		Bügeleisen	Ü3
さら	皿	Teller, Schüssel	Ü3
あらう	洗う	waschen	Ü3
まいあさ	毎朝	jeden Morgen	Ü3
きもち	気持ち	Gefühl	Ü3
あそぶ	遊ぶ	spielen, sich amüsieren	Ü3
けしき	景色	Panorama	Ü3
もうしわけない	申し訳ない	Es tut mir sehr leid	Ü3
りょうしん	両親	Eltern	Ü3
さびしい	寂しい	einsam	Ü3
しあわせ	幸せ	glücklich	Ü3
いちねん	一年	ein Jahr	Ü3
ようちえん	幼稚園	Kindergarten	Ü5
むかえる	迎える	jmdn. abholen	Ü5
ならう	習う	lernen	Ü5
やめる	辞める、止める	aufhören	Ü5
おや	親	Eltern	Ü5
ランキング		Ranking	Ü6
い	位	Rang	Ü6
プログラミング		Programmieren	Ü6
スイミング		Schwimmen	Ü6
しょどう	書道	Kalligraphie	Ü6
じ	字	Schriftzeichen	Ü6
しぬ	死ぬ	sterben	Ü6
みにつける	身に着ける	sich aneignen	Ü6
ふれる	触れる	berühren	Ü6
しき	式	Zeremonie	Ü7
ごみ		Müll	Ü8
だす	出す	hinausbringen	Ü8
がっこう	学校	Schule	Ü9
やすむ	休む	frei haben	Ü9
ほんじつ	本日	heute	Ü10
おあがりください	お上がりください	Bitte kommen Sie herein	Ü10
つきあう	付き合う	sich anfreunden	Ü10
あいさつ	挨拶	Gruß	Ü10
がんばる	頑張る	sich anstrengen	Ü11
だめ	駄目	zwecklos, nein	Ü11
かいわ	会話	Gespräch	Ü11

Lektion 1

2
1. (a) (b); **2.** (a) (b); **3.** (b); **4.** (b) (c)

3
1. E; **2.** F; **3.** J; **4.** A; **5.** B; **6.** C; **7.** H; **8.** D

5
D

6
1. 大阪（おおさか）でワーキングホリデーをしている　**2.** 住（す）んでいる　**3.** 大阪（おおさか）のゲームを作（つく）る　**4.** サッカーを見（み）る　**5.** 日本語（にほんご）で話（はな）す

7
1. 本をよむの　**2.** 友達（ともだち）にあうの
3. 日本語を話すの　**4.** サッカーをみること
5. うたうこと　**6.** えをかくこと

8
1. くろいシャツを着ている　**2.** はながらのスカートをはいている　**3.** ジーンズをはいている
4. 水たまのぼうしをかぶっている　**5.** めがねをかけている　**6.** しまのネクタイをしている

11
1. しまのセーターを着ている人がとおるさんです。**2.** 水たまのくつをはいている人がいずみさんです。**3.** くろいぼうしをかぶっている人がだいちさんです。**4.** ゆびわをしている人がりかさんです。

12
1. 4; **2.** 3; **3.** 2; **4.** 2

LEKTION 2

1
1. B; **2.** A; **3.** C; **4.** D

2
1. A; **2.** D, E; **3.**B, C; **4.** F

4
1. B, A, B; **2.** B, A, B

6
1. NEIN; **2.** JA; **3.** JA; **4.** NEIN; **5.** JA; **6.** NEIN

7
1. Positiv: ゆったりすわれて　雰囲気がいい　店主も話しやすい 居心地がいい 絶品 リーズナブル　お勧め　**Negativ:** 少し高い
2. Positiv: 本格　こじんまり　お勧め　人気 味は保証　**Negativ:** サービスがおそい　みつけにくい

8
1. B; **2.** B; **3.** A; **4.** A; **5.** B; **6.** B

9
1. 好きな色なんです。**2.** 住んでいたんです。
3. 彼氏（かれし）にもらったんです。

10
1. 安そう　**2.** 頭がよさそう　**3.** かわいいそう

11
1. 着　**2.** よみ　**3.** はき　**4.** もち

12
1. 「かごや」のラーメンはおいしい　**2.** 昼にはたくさんの人が来る　**3.** おすすめはしょうゆラーメンだ

15
Die Lösung finden Sie bei den Hörtexten.

LEKTION 3

2
1D; 2A; 3C; 4B

4
Freya: 地震が来る前に、何をしておきますか？
Shoko: そうですね。水と食べ物を買っておきます。
店に物が来ないことがありますからね。
Freya: そうですか。電気は来ますか？
Shoko: 止まることもありますよ。
かいちゅうでんとうとラジオをじゅんびしておきましょう。
全部いっしょにかばんに入れておくのがいいです。

Freya: なるほど。ほかには？
Shoko: 地震の時はよく家具がたおれます。
大きな家具は、ねる部屋におかないでください。
Freya: わかりました。
Shoko: 火事の時は「避難所」にすぐに逃げてくださいね。
避難所の場所をしらべておきましょう

5

1. C 避難所 **2.** A 地震 **3.** D 津波 **4.** B 台風

6

1. 上から物がおちますから／家具もたおれますから, **2.** だいどころの火をけしてください。ブレーカーのスイッチをOFFにしてください。
3. ビルの近く／ブロックのへい／じどうはんばいき／山の近く／川の近く
4. 避難所（ひなんじょ）

7

1B; 2C; 3A; 4C

8

1. 行かないでください。 **2.** つかわないでください。 **3.** 逃げないでください。

9

1. 見ておきます。 **2.** しておきます。 **3.** しらべておきます。

10

Die Lösung finden Sie bei den Hörtexten.

11

Die Lösung finden Sie bei den Hörtexten.

LEKTION 4

2

Die Lösung finden Sie bei den Hörtexten.

3

1. F, L; **2.** B, D, E; **3.** K, J, A; **4.** I, G, N; **5.** M, H, K; **6.** L, C, H

4

1. richtig; **2.** falsch; **3.** falsch; **4.** falsch; **5.** richtig; **6.** falsch

5

1. 安くておもしろい **2.** おしゃれでかわいい
3. 古くて有名な **4.** にぎやかで楽しい
5. しずかできれいな **6.** 安くておいしい

6

1. とまってしまいました。 **2.** たおれてしまいました。 **3.** おちてしまいました。 **4.** あつまってしまいました。 **5.** ふさがってしまいました。

7

1. あたらしくなりました。 **2.** すくなくなりました。 **3.** 有名になりました。 **4.** げんきになりました。

8

1. かわいくておしゃれです。 **2.** 有名で古いです。 **3.** たのしくてにぎやかです。 **4.** きれいでしずかです。 **5.** おいしくて安いです。

9

Individuelle Antwort

10

Die Lösung finden Sie bei den Hörtexten.

12

Die Lösung finden Sie bei den Hörtexten.

13

私の町はベルリンという町です。ブランデンブルクもんがあります。
大きくておもしろいです。ぜひ、いちど来てください。

LEKTION 5

1

1. C; **2.** B; **3.** A; **4.** D

3

Die Lösung finden Sie bei den Hörtexten.

5

1. A; **2.** D; **3.** C; **4.** D; **5.** C; **6.** A; **7.** B

6

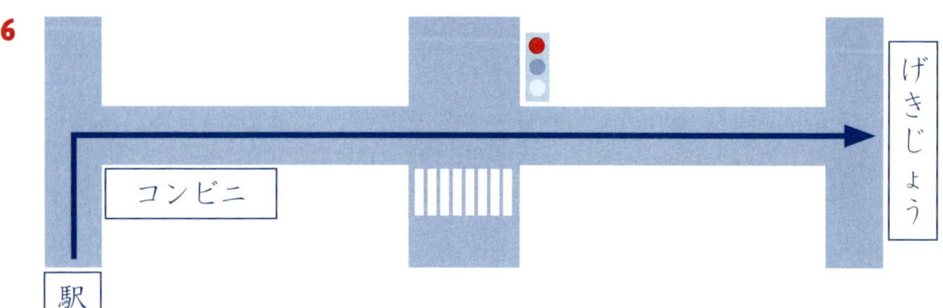

7

1. A; **2.** C; **3.** D; **4.** B

8

1. 映画のチケットを２枚おねがいします。**2.** すみません、ビールを３本ください。**3.** すみません、きってを４まいとノートを１冊もらえますか。／すみません、ノートを１冊ときってを４まいもらえますか。

9

えきを出て100mぐらい行くと、交差点があります。そこを左に曲がってください。少し行くと橋があります。それをわたってください。その次のしんごうを右に曲がってください。そのまままっすぐ行くと、左がわに劇場があります。

10

1. C ゲーテによって書かれました。**2.** A シーメンスによってはつめいされました。**3.** D 日本人によくしられています。

11

Individuelle Antwort

13

ここはハンブルクという町です。ハンブルクはミュージカルで有名です。ここのミュージカルは色々(いろいろ)なヨーロッパのくにの人によってえんじられます。ミステリアスな話（はなし）が人気（にんき）があって、『オペラざの怪人（かいじん）』や、『ダンス・ウィズ・ヴァンパイヤ』は何回（なんかい）もじょうえんされています。ほかに有名なのはしちょうしゃです。１８９７年にたてられました。は「ハンブルクのしんじゅ」とよばれていて、たくさんの人にしたしまれています。フィッシュマルクトではいろいろ売られていますよ。おみやげにどうですか。

LEKTION 6

1

A2; B4; C8; D7; E1; F6; G5; H3

2

1. しょうへいさんに食器をもらいました。 しょうへいさんが食器をくれました。**2.** しょうこさんにたなをもらいました。, しょうこさんがたなをくれました。**3.** とおるさんにふとんをもらいました。, とおるさんがふとんをくれました。**4.** いずみさんにちゃぶだいをもらいました。 いずみさんがちゃぶだいをくれました。

3

1. A; **2.** B; **3.** A; **4.** B; **5.** A; **6.** B

5

1. E; **2.**B; **3.**F; **4.**A; **5.**D

6

1. B, C; **2.**D, F; **3.**A, B, D, F

7

1. あけられる **2.** わられる **3.** めちゃくちゃにされる **4.** きずをつけられる **5.** ふられる

8

1. どろぼうにまどをわられました。**2.** どろぼうにゆかをよごされました。

9

1. あげます。**2.** くれます。**3.** もらいます。
4. あげます。

10

1. ①しょうこさんはとめてくれました。②しょうこさんにとめてもらいました。
2. ①とおるさんは買い物につれて行ってくれました。②とおるさんに買い物につれていってもらいました。

11
Die Lösung finden Sie bei den Hörtexten.

12
① 食器　② たな　③ ふとん
Weitere Lösungen finden Sie bei den Hörtexten.

13
1. B 無料でふとんをゆずって
2. B いっしょに部屋をかたづけて

Lektion 7

1
1. B, G (H, F); **2.** D, H, L, (B); **3.** A, E, (I), **4.** C, K, J, M

2
1. A richtig, **B** falsch, **C** falsch, **D** richtig;
2. A richtig, **B** falsch, **C** falsch; **3. A** richtig, **B** falsch;
4. A falsch, **B** richtig, **C** richtig

3
1. 賃貸　**2.** 賃貸　**3.** 持ち家　**4.** 持ち家
5. 持ち家　**6.** 賃貸　**7.** 賃貸

4
1. ①, ⑤, ③; **2.** ②, ⑥, ④

5
1. B, A; **2.** A, B; **3.** 古い; **4.** 新しい; **5.** 広い; **6.** せまい

6
1. やちん　**2.** １０代男子　**3.** まどり
4. ２０代女子　**5.** 21
A 男子　**B** 女子　**C** ２０代　**D** １０代　**E** 男子
F 女子　**G** 男子　**H** 女子

7
Individuelle Antwort
Flexion **2. A** 少し古く　**B** 少し高く
C 駅から遠く　**D** せまく　**E** 少しうるさく

8
1. A 明るく　**2. A**駅に近く　**3. A** 居心地がよく

Lektion 8

1
ぎんこういん:3　ツアーコンダクター: 2　かんごし:4　けんきゅうしゃ:1

2
1. じむしごと　**2.** しかく　**3.** リストラ
4. やりがい **5.** ざんぎょう

3
Die Lösung finden Sie bei den Hörtexten.

4
1. C; **2.** D; **3.** B; **4.** E; **5.** A

5
1. Richtig; **2.** Falsch; **3.** Richtig; **4.** Richtig

6
1. B; **2.** D; **3.** A; **4.** C; **5.** E

7
1. 会社でコンピューターがつかえます。 **2.** 会社はこうつうひがだせます。 **3.** 仕事でいろいろな国に行けます。 **4.** 仕事でたくさんの人に会えます。 **5.** しかくがあるので、すぐてんしょくできます。

8
1. 仕事でえいごをはなしたり、プログラミングしたりします。 **2.** 町で買い物をしたり、えいがを見たりします。

10
1. B システムをせっけいし　**C** クライアントのはなしを聞い
2. B お金をあずかっ　**C** かし
3. B りょうりを作っ **C** メニューをかんがえ

Lektion 9

1
1. F; **2.** G; **3.** A; **4.** E; **5.** H; **6.** B; **7.** D; **8.** C

4
1. こわれた,　A　**2.** ちょうしがわるい,　A
3. サイズがあわない,　D　**4.** 現品限り,　B

5
1. B; **2.** C; **3.** A; **4.** D
いろいろな機能をもとめる

2

LÖSUNGEN

6
A フリーマーケット　ネットショップ
B ショッピングモール
1. A; **2.** B; **3.** B; **4.** A

7
1. たくさんの機能がいらない
2. あぶなくないのがほしい
3. デザインでえらびたい

8
1. こうかんしてほしい
2. しゅうりしてほしい
3. へん金してほしい

9
1. デザイン
2. 機能
3. 安い
4. アプリが多い

10
Die Lösung finden Sie bei den Hörtexten.

11
1. A こわれていた　B 新しいのをおくって
2. A 色がちがう　B とりかえて
3. A 気に入らない　B 返品させて

Lektion 10

2
1. かえろう　**2.** しよう　**3.** しよう　**4.** しよう
5. 買おう

3
1. F; **2.** C; **3.** D; **4.** B; **5.** E

4
勝平：　いよう　言おう　あそびに行こう　見よう　（ドイツに）行こう
フレヤ：　結婚しよう　帰ろう　わかれよう　なろう　（ドイツに）かえろう

5
1. 両親に　**2.** 私に　**3.** 子どもに　**4.** 子どもに
5. 父に

6
1. D; **2.** A; **3.** E; **4.** C; **5.** B

7
1. 結婚しきはきょうかいであげよう！
2. しずかなまちに住もう！
3. 二人で幸せになろう！

8
1. そうじきをかけようか。
2. ごみをだそうか
3. おさらをあらいましょうか

9
1. 親は子どもにピアノを習わせます。
2. 親は子どもにマンガをよませません。
3. 親は子どもに外に遊びに行かせます。
4. 親は子どもにテレビを見させません。
5. 親は子どもに学校を休ませます。

10
Kausativ: おつきあいさせていただいている…
Intentionalform: 家庭をつくろうと思っています。

11
Die Lösung finden Sie bei den Hörtexten.

LEKTION 1

Übung 1 – Track 1

1. 私は　フレヤ・シュミットです。
フレヤ・シュミットと　いいます。
フレヤと　よんでください。

2. ワーキングホリデーを　しています。
しごとは　エンジニアです。
Fonix（フォニックス）で　はたらいています。
Fonix（フォニックス）という会社に　つとめています。

3. えいがが　すきです。
えいがを　みるのが　すきです。
趣味は　えいがです。
趣味は　えいがを　みることです。

4. ドイツから　きました。
ドイツからきた　シュミットです。
うまれたのは　ボンというまちです。
住んでいるのは　フランクフルトです。

1. Ich bin Freya Schmidt.
Ich heiße Freya Schmidt.
Nennen Sie mich Freya.

2. Ich mache zur Zeit „Working Holiday".
Ich bin Ingenieur von Beruf.
Ich arbeite bei „Fonix".
Ich arbeite bei einer Firma namens „Fonix".

3. Ich mag Filme.
Ich sehe gerne Filme.
Mein Hobby ist Filme schauen.
Mein Hobby ist, Filme zu schauen.

4. Ich komme aus Deutschland.
Ich bin Schmidt aus Deutschland.
Geboren bin ich in Bonn.
Ich wohne in Frankfurt.

Übung 2 – Track 2

Freya: はじめまして。フレヤ・シュミットです。フレヤと　よんでください。ドイツから　きました。ワーキングホリデーを　しています。どうぞ　よろしくおねがいします。

Shohei: はじめまして。おおさかからきたたかはた　しょうへいです。生まれたのは　とうきょうです。フォニックスで　働いています。仕事は　エンジニアです。どうぞ　よろしくおねがいします。

Shoko: はじめまして。みうら　しょうこと　いいます。ほっかいどうから　きました。いま　住んでいるのは、「てんり」という　まちです。どうぞ　よろしくおねがいします。

Toru: はじめまして。すずき　とおると　いいます。ならから　きました。趣味は　えいがを　みることです。とくに　SFえいがを　みるのがすきです。どうぞ　よろしくおねがいします。

Freya: Schön, Sie kennenzulernen. Ich bin Freya Schmidt. Bitte nennen Sie mich Freya. Ich komme aus Deutschland. Zur Zeit mache ich „Working Holiday". Sehr angenehm.

Shohei: Schön, Sie kennenzulernen. Ich bin Shohei Takahata aus Osaka. Geboren bin ich in Tokio. Ich arbeite bei Fonix. Ich bin Ingenieur von Beruf. Sehr angenehm.

Shoko: Schön, Sie kennenzulernen. Ich heiße Shoko Miura. Ich komme aus Hokkaidô. Momentan wohne ich in einer Stadt namens Tenri. Sehr angenehm.

Toru: Schön, Sie kennenzulernen. Ich heiße Toru Suzuki. Ich komme aus Nara. Mein Hobby ist, Filme zu schauen. Besonders gerne sehe ich Science-Fiction. Sehr angenehm.

Übung 3 – Track 3

1. フレヤさんは、どの人ですか？
   – みずたまの　ワンピースを　着ている人です。
2. しょうへいさんは、どの人ですか？
   – チェックの　Tシャツを　着ているひとです。
3. しょうこさんは、どの人ですか？
   – しまの　スカートを　はいている人です。
4. とおるさんは、どの人ですか？
   – ジーンズを　はいている人です。
5. いずみさんは、どの人ですか？
   – ぼうしを　かぶってい人とです。
6. だいちさんは、どの人ですか？
   – めがねを　かけている人です。
7. りかさんは、どの人ですか？
   – ネックレスを　している人です。
8. はるとさんは、どの人ですか？
   – ネクタイを　している人です。

1. Welche Person ist Freya?
   – Die Person, die ein gepunktetes Kleid anhat.
2. Welche Person ist Shohei?
   – Die Person, die ein T-Shirt mit Karomuster trägt.
3. Welche Person ist Shoko?
   – Die Person, die einen gestreiften Rock trägt.
4. Welche Person ist Toru?
   – Die Person, die eine Jeans anhat.
5. Welche Person ist Izumi?
   – Die Person, die einen Hut trägt.
6. Welche Person ist Daichi?
   – Die Person, die eine Brille trägt.
7. Welche Person ist Rika?
   – Die Person, die eine Kette trägt.
8. Welche Person ist Haruto?
   – Die Person, die eine Krawatte trägt.

Übung 4 – Track 4

1. は	Zahn
2. はは	Mutter
3. しごと	Arbeit
4. ネクタイ	Krawatte

Übung 9 – Track 5

Freya: はじめまして。フレヤ・シュミットと　いいます。
Shohei: ぼくは、たかはたしょうへいです。しょうへいと　よんでください。
Freya: はい、よろしくおねがいします。
Shohei: フレヤさんは　ドイツのどこから？
Freya: マインツというまちです。フランクフルトの　ちかくです。
Shohei: へえ。いま住んでるのは　どこですか？
Freya: 働いてるのは　おおさかですけど、住んでるのは　ならです。
Shohei: そうなんですね。ところで、フレヤさんは　お仕事で　にほんへ？
Freya: いいえ、いま　ワーキングホリデーを　してます。
Shohei: やすみのひには　よく　なにをしますか。
Freya: そうですね…。よく　テレビをみます。サッカーをみるのが　すきです。
Shohei: へえ、にほんごを　話すのが　じょうずですね！
Freya: いいえ、それほどでも…。

Freya: Schön, Sie kennenzulernen. Ich heiße Freya Schmidt.
Shohei: Ich bin Shohei Takahata. Nennen Sie mich bitte Shohei.
Freya: Ja, sehr angenehm.
Shohei: Woher in Deutschland kommen Sie?
Freya: Aus einer Stadt namens Mainz. Sie liegt in der Nähe von Frankfurt.
Shohei: Aha. Wo wohnen Sie zur Zeit?
Freya: Ich arbeite zwar in Osaka, aber ich wohne in Nara.
Shohei: Ich verstehe. Übrigens, sind Sie beruflich hier in Japan?
Freya: Nein, ich mache „Working Holiday".
Shohei: Was machen Sie am liebsten in Ihrer Freizeit?

Freya: Ähm … Ich sehe oft fern. Ich schaue gerne Fußballspiele an.
Shohei: Aha, Sie können gut Japanisch sprechen!
Freya: Nein, so gut ist es auch wieder nicht …

Übung 10 – Track 7

1. 着ています
Anziehen (Oberkörper)
　シャツを 着ています
Shirt anziehen (Oberkörper)
　ワンピースを 着ています
Kleid anziehen (Oberkörper)
　セーターを 着ています
Pullover anziehen (Oberkörper)

2. はいています
Anziehen (Unterkörper)
　ズボンを　はいています
Hose anziehen (Unterkörper)
　スカートを　はいています
Rock anziehen (Unterkörper)
　くつを　はいています
Schuhe anziehen (Unterkörper)

3. かぶっています
Anziehen (Kopf)
　ぼうしを　かぶっています
Hut anziehen (Kopf)

4. しています
Schmuck tragen
　ゆびわを　しています
Einen Ring tragen
　ネクタイを　しています
Eine Krawatte tragen
　ネックレスを　しています
Eine Kette tragen

Übung 11 – Track 8

(れい) チェックの　スカートを　はいている人が　しょうこさんです
(1) しまの　セーターを　着ている人が　とおるさんです
(2) みずたまの　くつを　はいているひとが　いずみさんです
(3) くろい　ぼうしを　かぶっているひとが　だいちさんです
(4) ゆびわを　しているひとが　りかさんです

(Bsp.) Die Person, die einen Rock mit Karomuster trägt, ist Shoko.
(1) Die Person, die einen gestreiften Pulli trägt, ist Toru.
(2) Die Person, die gepunktete Schuhe trägt, ist Izumi.
(3) Die Person, die einen schwarzen Hut trägt, ist Daichi.
(4) Die Person, die einen Ring trägt, ist Rika.

Übung 12 – Track 9

(れい)　私　**1.** ともだち　**2.** めがね　**3.** 住む　**4.** きゃく

(Bsp.) ich　**1.** Freund　**2.** Brille　**3.** wohnen　**4.** Gast

LEKTION 2

Übung 1 – Track 10

1.
Mann: あれ？　かみがた　かえた？
Frau: うん。どうかな？
Mann: いいね！　にあってるよ！　やさしそうに　みえるよ。
Frau: ありがとう。

Mann: Oh, hast du eine neue Frisur?
Frau: Ja, wie findest du's?
Mann: Schön! Das steht dir! Du siehst nett aus.
Frau: Danke.

2.
Frau: そのジャケット、すてきですね。高かったでしょう？

3

AUDIOTEXTE

Mann: ええ、きのう　かったんです。高そうですが　安いんですよ。
Frau: へえ、とても　いい　色ですよ。
Mann: おきにいりの　色なんです。

Frau: Ihre Jacke ist wunderschön! Die war bestimmt teuer, nicht wahr?
Mann: Ja, ich habe sie gestern gekauft. Sie sieht teuer aus, aber sie war günstig.
Frau: Wirklich? Die Farbe ist wunderbar.
Mann: Das ist meine Lieblingsfarbe.

3.
Mann: うわあ！　うた　じょうずですねえ！
Frau: いえ、それほどじゃないですよ。
Mann: いやあ、たいしたものですよ。
Frau: とんでもないです。

Mann: Wow! Du kannst gut singen.
Frau: Nee, nicht so sehr …
Mann: Doch! Du hast Talent!
Frau: Überhaupt nicht!

4.
Frau: フレヤさん　ちゅうごく語も　できるそうだね。
Freya: ええ、すこしだけなら。
Frau: すごい！　いろいろな　言葉が話せるんだね！　頭が　よさそうだからね。
Freya: いえいえ、まだまだ　です。

Frau: Ich habe gehört, dass du auch Chinesisch kannst, nicht wahr?
Freya: Ja, aber nur ein bisschen.
Frau: Toll! Du kannst viele Sprachen sprechen. Das ist sicherlich, weil du so schlau bist!
Freya: Nein, nein, es ist noch ein langer Weg.

Übung 3 – Track 11

Mann: じょうずですね！
Frau: すごいですね！
Mann: たいしたものですよ。
Frau: うらやましいよ。
Mann: 頭が　よさそうだね

Mann: Sie können es sehr gut!
Frau: Wunderbar!
Mann: Großartig!
Frau: Ich bin neidisch!
Mann: Du siehst intelligent aus.

Frau: にあってますよ。
Mann: すてきですね。
Frau: いい　いろですね。
Mann: おしゃれですね。
Frau: かわいいね。
Mann: かっこいいね。
Frau: やさしそうですね。
Mann: たかそうですね。
Frau: おいしそう！

Frau: Das steht Ihnen.
Mann: Das ist wunderschön.
Frau: Schöne Farbe!
Mann: Geschmacksvoll
Frau: Hübsch!
Mann: Cool!
Frau: Sie sehen nett aus.
Mann: Es sieht teuer aus.
Frau: Es sieht lecker aus.

Übung 4 – Track 12

1.
Mann: フレヤさんは　たくさん言葉が話せるそうですね。
Freya: ええ、まあ…。ちゅうごく語とドイツ語と　英語と　フランス語が　できます。
Mann: へえ、そんなに！　頭がいいなあ。
Freya: いえ、　とんでもない。

Mann : Freya, ich habe gehört, dass Sie viele Sprachen können.
Freya : Ja … Ich kann Chinesisch, Deutsch, Englisch und Französisch.
Mann: Wow, so viele! Sie sind sicher klug.
Freya: Nein, überhaupt nicht.

2.

Freya: しょうこさんの　かれし　かっこいいそうですね。
Shoko: いえ、それほどでもないですよ…。
Freya: これ、しゃしんですか？　わあ！　やさしそうな人じゃないですか！
Shoko: いや、そんな…。

Freya : Ich habe gehört, dass Ihr Freund cool ist.
Shoko : Nein, nicht so sehr …
Freya: Ist das sein Foto? Wow! Er sieht nett aus, oder nicht?
Shoko: Nein, nein …

Übung 13 – Track 14

1 おばさん (Tante) – おばあさん (Oma)
2 ここ (hier) – こうこう (Oberschule)
3 いけ (Teich) – いけん (Meinung)
4 あき (Herbst) – あんき (auswendig lernen)
5 かこ (Vergangenheit) – かっこ (Klammer)
6 きて (Komm her!) – きって (Briefmarken)

Übung 14 – Track 15

Shoko: フレヤさん、きれいな　色の　服ですね。にあってますよ。
Freya: ありがとうございます。
Shoko: もしかして　デートですか？
Freya: ええ、まあ…。しょうへいさんと　デートなんです。
Shoko: わあ！　いいですねえ。フレヤさん　きれいだから、しょうへいさんは　すきになったんですね。
Freya: いえ、そんな…
Shoko: たくさん言葉が　話せて頭もよさそうですよね。
Freya: とんでもない。

Shoko : Freya, Ihre Kleidung hat aber eine schöne Farbe. Das steht Ihnen.
Freya : Danke schön.
Shoko: Kann es sein, dass Sie jetzt ein Date haben?
Freya: Äh, ja … Ich habe ein Date mit Shohei.
Shoko: Wow, das klingt gut. Sie sind sehr hübsch, so dass Shohei sich in Sie verliebt hat.
Freya: Nein, nicht …
Shoko: Außerdem können Sie viele Sprachen und sehen intelligent aus.
Freya: Das stimmt überhaupt nicht!

Übung 15 – Track 17

Shohei: お！　あたらしい　かみがただね！
Freya: ええ、きのう　びよういんに　いったんです。
Shohei: いいね。
Freya: ありがとうございます。
Shohei: かばんも　おしゃれだね。
Freya: ええ、つかいやすいんですよ。
Shohei: あ、ぼく　おべんとう　つくってきたよ。みてよ！
Freya: わあ、おいしそう。
Shohei: まいにち　料理しているからね。
Freya: へえ、とくいなんですね。
Shohei: いや、それほどでもないよ。
Freya: いやいや、すごいですよ。

Shohei : Oh, du hast eine neue Frisur.
Freya : Ja, ich bin gestern zum Friseur gegangen.
Shohei: Schön!
Freya: Danke schön!
Shohei: Die Tasche ist auch schick.
Freya: Ja. Sie ist leicht zu benutzen.
Shohei: Ach, ich habe eine Lunchbox gemacht. Schau mal!
Freya: Wow, sie sieht lecker aus.
Shohei: Ich koche ja jeden Tag.
Freya: Echt? Sie können das wirklich gut!
Shohei: Nein, nicht so sehr.
Freya: Doch, doch! Das ist toll!

LEKTION 3

Übung 1 – Track 18

1. 地震　***2.*** 台風　***3.*** 火事　***4.*** 津波
5. けいほう　***6.*** 避難　***7.*** 非常口
8. 安全

1. Erdbeben; **2.** Taifun; **3.** Brand; **4.** Tsunami;
5. Warnmeldung; **6.** Evakuierung; **7.** Fluchtweg;
8. sicher

Übung 2 – Track 19

1. 火事です！　２かいの オフィスが 火事です！　エレベーターは あぶないので つかわないで ください。 からだを ひくくして にげて ください。 タオルや ハンカチを くちに あてて ください。 そと避難んじょへ にげて ください。

2. きんきゅう地震そくほうです。おおきいじしんがきます。もうすぐゆれます。注意してください。きんきゅう地震そくほうです。おおきい地震がきます。もうすぐゆれます。注意してください。じぶんの安全をかくほしてください。まどのそばにいかないでください。おおきな家具からはなれてください。うえからものがおちます。つくえのしたにはいってください。ひはつかわないでください。火事になります。
（くりかえし）

3. 津波けいほうがでました。すぐににげてください。津波けいほうがでました。すぐににげてください。たかさは３ｍです。津波はすぐにきます。たかいところににげてください。たかさは３ｍです。うみやかわの近くにいかないでください。いますぐにげてください。

4. 台風じょうほうです。これから台風がきます。つよいあめとかぜに注意してください。やまからいしがおちます。やまの近くにいかないでください。かわのみずがふえています。かわの近くにいかないでください。そとにでないでください。

1. Es ist ein Feuer ausgebrochen! In einem Büro im ersten Stock ist ein Feuer ausgebrochen! Bitte fahren Sie nicht mit dem Aufzug, da es gefährlich ist. Fliehen Sie in gebückter Haltung. Halten Sie sich ein Handtuch, Taschentuch oder ähnliches vor den Mund. Gehen Sie zur Katastrophensammelstelle.

2. Erdbebenfrühwarnung! Gleich kommt ein großes Erdbeben. Bald bebt die Erde. Passen Sie auf! Erdbebenfrühwarnung! Gleich kommt ein großes Erdbeben. Bald bebt die Erde. Passen Sie auf! Schützen Sie sich selbst. Gehen Sie nicht ans Fenster. Entfernen Sie sich von großen Möbelstücken. Es können Gegenstände herunterfallen. Suchen Sie Schutz unter dem Tisch. Entzünden Sie kein Feuer. Das kann einen Brand verursachen.

3. Eine Tsunami-Warnung wurde ausgegeben! Fliehen Sie sofort! Eine Tsunami-Warnung wurde ausgegeben! Fliehen Sie sofort! Die Wellenhöhe beträgt drei Meter. Der Tsunami kann Sie jeden Moment erreichen. Suchen Sie erhöhte Stellen auf. Die Wellenhöhe beträgt drei Meter. Vermeiden Sie die Nähe zum Meer und Fluss. Fliehen Sie sofort!

4. Taifun-Meldung. Ein Taifun nähert sich. Achten Sie auf starken Regen und Wind. Es kann Steinschlag auftreten. Gehen Sie nicht in die Nähe von Felsen/Bergen. Der Wasserstand in den Flüssen steigt an. Gehen Sie nicht in Flussnähe. Verlassen Sie nicht das Haus.

Übung 4 – Track 20

Freya: 地震が　くるまえに、なにを　しておきますか？
Shoko: そうですね。みずと　食べ物を　かっておきます。
みせに　ものが　こないことが　ありますからね。
Freya: そうですか。でんきは　きますか？
Shoko: とまることも　ありますよ。
ラジオと　かいちゅうでんとうを　じゅんびしておきましょう。
ぜんぶ　いっしょに　かばんに　いれておくのが　いいです。
Freya: なるほど。ほかには？
Shoko: 地震の　ときは　よく　家具が　たおれます。
おおきな　家具は、ねる　へやに　おかないでください。
Freya: わかりました。
Shoko: 火事の　ときは　「避難じょ」に　すぐに　にげてくださいね。
避難じょの　ばしょを　しらべて　おきましょう。

3

AUDIOTEXTE

Freya: Wie bereitet man sich auf ein Erdbeben vor?

Shoko: Hmm, ja … Man kauft Wasser und Nahrungsmittel auf Vorrat. Es kann nämlich sein, dass keine Nahrungsmittel in die Geschäfte geliefert werden.

Freya: Ach so! Gibt es Stromausfälle?

Shoko: Ja, es kann vorkommen, dass es Ausfälle gibt. Man sollte Radio und Taschenlampe bereithalten. Am besten steht alles in einer Tasche bereit.

Freya: Aha! Sonst noch etwas?

Shoko: Bei einem Erdbeben kippen oft Möbelstücke um. Im Schlafzimmer sollten keine hohen Möbel stehen.

Freya: Alles klar.

Shoko: Im Brandfall gehen Sie zur Katastrophensammelstelle. Sie sollten sich vorher über die Katastrophensammelstellen informieren.

Übung 11 – Track 21

Freya : あっ、地震！

Shohei : おちついて！　テーブルの　したに　はいって。

Freya: こわい！　こわい！　こわい！

Shohei: ゆれているときは　うごかないで！　あぶない！

Freya: あ、もうゆれていませんね！　でんきが　きえました。
ろうそくを　つけましょう。

Shohei: まって！　ひを　つかわないで！
火事は　こわいですよ。

Freya: そうだ！　かぞくに　でんわします。

Shohei: まって！　でんわを　つかわないで！
インターネットの　サービスを　つかおう。

Freya: Oh! Ein Erdbeben!

Shohei: Beruhigen Sie sich! Kriechen Sie unter den Tisch!

Freya: Oje, ich habe Angst, ich habe Angst!

Shohei: Bewegen Sie sich nicht während des Bebens! Das ist gefährlich!

Freya: Oh, das Beben hat aufgehört. Der Strom ist ausgefallen. Machen wir eine Kerze an!

Shohei: Warten Sie! Entzünden Sie kein Feuer! Es kann ein Brand entstehen.

Freya: Ah ja. Ich rufe meine Familie an!

Shohei: Warten Sie! Benutzen Sie kein Telefon! Verwenden Sie Internetdienste!

Übung 12 – Track 22

1. さくら　**2.** こころ　**3.** なみだ

Lektion 4

Übung 1 – Track 23

Freya : 部屋が　めちゃくちゃです。
コーヒーがおちてゆかがよごれてしまいました。

Shohei : でんきと　ガスも　とまってしまいましたね。避難じょに　いきましょう。

Freya: あ、まどガラスが　われて、おちています。あぶないですね。

Shohei: でんしゃも　とまってしまいました。あ、きも　たおれていますね。
みちが　ふさがってしまいましたね。あの　レストランに　いってみましょうか。

Freya: でも、とても　こんでいますよ。

Shohei: ほかの　店は　しまっていますからね。
みんなひとつの店にあつまってしまいます。

Freya: Mein Zimmer ist total durcheinander. Die Kaffeetasse ist heruntergefallen und der Boden ist schmutzig geworden.

Shohei: Strom und Gas sind ausgefallen. Gehen wir zur Katastrophensammelstelle!

Freya: Oh, das Fensterglas ist zerbrochen und liegt auf dem Boden. Es ist gefährlich.

Shohei: Der Zugverkehr ist auch eingestellt. Oh, der Baum ist umgefallen. Der Weg ist versperrt. Wollen wir mal versuchen, zum Restaurant dort gehen?

Freya: Aber das ist sehr voll.

Shohei: Die anderen Geschäfte sind zu. Deswegen sammeln sich alle in einem Geschäft.

Übung 2 – Track 24

Freya : あ、おおやさん！

Vermieter : ああ、フレヤさん。大きい　地震だったね！

Freya: ええ。町が　めちゃくちゃです ね。

Vermieter: そうだね。でも、きっと　また きれいになるよ。
むかし　こうべで　大きい　じしんが　あって、ぼくは　そこに　いたんだ。
たくさん　いえが　こわれて、はしも　おちてしまったけど、いまは　あたらしくなったよ。

Freya: そうですか…。私は　いま　地震で　とても　ショック　です。

Vermieter: なあに、また　げんきになるよ！

Freya: Oh, Herr Vermieter!

Vermieter: Ach, Freya. Das war ein großes Erdbeben, nicht wahr?

Freya: Ja, die Stadt ist total zerstört.

Vermieter: Das stimmt. Aber bestimmt wird sie wieder schön. Es gab vor längerer Zeit ein großes Erdbeben in Kobe, als ich dort lebte. Viele Häuser wurden zerstört und die Brücken waren eingestürzt, aber jetzt ist alles neu gebaut.

Freya: So … Ich bin momentan von dem Beben total schockiert.

Vermieter: Ach, es wird dir wieder besser gehen.

Übung 3 – Track 25

1. ここは　せんにちまえです。どうぐやすじというしょうてんがいが　あります。やすくて、おもしろいものが　うっています。

2. ここは　アメリカむらです。わかい人が　たくさん　います。おしゃれで　かわいい　みせが　あります。

3. ここは　おおさかじょうこうえんです。古くて　有名な　おしろが　あります。大きい　コンサートホールも　あります。

4. ここはユニバーサルスタジオというゆうえんちです。にぎやかでたのしいです。でも、ちょっと高いです。

5. ここはならです。しずかできれいな町です。古いおてらがあって、しかがたくさんいます。

6. ここはどうとんぼりです。安くておいしい食べ物があります。ネオンもきれいです。

1. Hier ist Sennichi-Mae. Es gibt eine Einkaufsstraße namens Dooguya-Suji. Günstige und interessante Sachen werden hier verkauft.
2. Hier ist Amerika-Mura. Viele junge Leute sind unterwegs. Es gibt schicke und niedliche Läden.
3. Hier ist der Osakajo-Park. Es gibt ein altes berühmtes Schloss. Es befindet sich dort auch eine große Konzerthalle.
4. Hier ist Universal Studio Japan. Hier ist es lebhaft und lustig. Aber es ist etwas teuer.
5. Hier ist Nara. Eine ruhige und schöne Stadt. Es gibt alte Tempel und viele Rehe.
6. Hier ist Doton-Bori. Es gibt günstiges und leckeres Essen. Auch die Neonbeleuchtung ist sehr schön.

Übung 10 – Track 26

（れい）

A: 地震の　あと、町は　どうなりましたか。

B: 電車が　とまってしまいました。

(1)

A: 地震の　あと、町は　どうなりましたか。

B: きが　たおれてしまいました。

3 AUDIOTEXTE

(2)
A: 地震の　あと、町は　どうなりましたか。
B: みちが　ふさがってしまいました。

(3)
A: 地震の　あと、町は　どうなりましたか。
B: はしが　おちてしまいました。

(4)
A: 地震の　あと、町は　どうなりましたか。
B: 店が　ぜんぶ　しまってしまいました。

Bsp.
A: Was ist mit der Stadt nach dem Beben passiert?
B: Der Zugverkehr ist eingestellt worden.

(1)
A: Was ist mit der Stadt nach dem Beben passiert?
B: Die Bäume sind umgefallen.

(2)
A: Was ist mit der Stadt nach dem Beben passiert?
B: Die Straßen sind gesperrt.

(3)
A: Was ist mit der Stadt nach dem Beben passiert?
B: Die Brücken sind eingestürzt.

(4)
A: Was ist mit der Stadt nach dem Beben passiert?
B: Alle Läden wurden geschlossen.

Übung 11 – Track 27

レストラン (Restaurant)
ゆうえんち (Freizeitpark)
おもしろい (interessant)
しずか (ruhig)

Übung 12 – Track 28

Siehe Übung 3 – Track 25.

LEKTION 5

Übung 1 – Track 29

Shohei: すみません、ミュージカルのチケットがほしいんですが。
Verkäuferin: はい、なんまい　ですか。
Shohei: ２まい　おねがいします。

Shohei: Entschuldigung. Ich möchte gerne Musicaltickets haben.
Verkäuferin: Ja, wie viele?
Shohei: Zwei Karten, bitte.

Freya: すみません、パンフレットください。
Verkäuferin: はい、なんさつ　ですか。
Freya: ２さつ　ください。

Freya: Entschuldigung. Bitte geben Sie mir Broschüren.
Verkäufer: Ja, wie viele?
Freya: Zwei Hefte bitte.

Shohei: すみません、かさありますか。
Verkäuferin: はい、なんぼん　ですか。
Shohei: ２ほんです。

Shohei: Entschuldigung, haben Sie Regenschirme?
Verkäuferin: Ja, wie viele?
Shohei: Zwei Stück bitte.

Freya: おにぎりちょうだい。
Verkäuferin: はい、なんこ　ですか。
Freya: ２こ　おねがい。

Freya: Onigiri, bitte.
Verkäufer: Ja, wie viele?
Freya: Zwei Stück, bitte.

Übung 2 – Track 30

Freya: すみません、げきじょうには　どうやって　行きますか？
Mann: ここを　まっすぐ　行くと　つきあたりに　あります。
Freya: どうもありがとうございます。

Freya : Entschuldigung, wie komme ich zum Theater?
Mann: Wenn Sie hier geradeaus gehen, finden Sie es am Ende der Straße.
Freya: Danke schön.

Freya: ちょっとすみませんが、はくぶつかんへの　みちを　おしえてください。
Mann: 次の　かどを　左に　曲がると、右がわに　あります。
Freya: どうもありがとうございます。

Freya: Entschuldigung, können Sie mir den Weg zum Museum erklären?
Mann: Wenn Sie an der nächsten Ecke nach links abbiegen, liegt es auf der rechten Seite.
Freya: Danke schön.

Freya: すみません、駅に　行きたいんですが。
Mann: つぎの　しんごうを　わたったところに、ありますよ。
Freya: どうもありがとうございます。

Freya: Entschuldigung, ich möchte zum Bahnhof gehen.
Mann: Wenn Sie die nächste Ampel überquert haben, befindet er sich vor Ihnen.
Freya: Danke schön.

Freya: すみません、ばいてんは　どこですか？
Mann: その　かいだんを　おりてください。　すぐ　そこです。
Freya: どうもありがとうございます。

Freya: Entschuldigung, Wo ist der Kiosk?
Mann: Gehen Sie die Treppe hinunter. Es ist nicht weit.
Freya: Danke schön.

Übung 3 – Track 31

1.
Mann: ドイツじんが　この　ミュージカルを　書きました。
Frau: この　ミュージカルは　ドイツじんに　よって　書かれました。
2.
Mann: しが　この　はくぶつかんを　たてました。
Frau: この　はくぶつかんは　しに　よって　たてられました。
3.
Mann: たくさんの　人が　JRかんじょうせんを　つかっています。
Frau: JRかんじょうせんは　たくさんの人に　つかわれています。

1.
Mann: Ein Deutscher hat das Musical geschrieben.
Frau: Das Musical wurde von einem Deutschen geschrieben.
2.
Mann: Die Stadt hat das Museum gebaut.
Frau: Das Museum wurde von der Stadt gebaut.
3.
Mann: Viele Leute benutzen die JR-Ringlinie.
Frau: Die JR-Ringlinie wird von vielen Leuten benutzt.

Übung 4 – Track 32

(1) はし (Essstäbchen) はし (Brücke)
(2) かく (schreiben) かく (fehlen)
(3) あめ (Regen) あめ (Bonbon)
(4) いつか (irgendwann) いつか (fünf Tage)

Übung 13 – Track 33

ここは　たからづかという　町です。たからづかは　ミュージカルで　有名いです。ここの　ミュージカルは　おんなの人に　よって　えんじられます。ヨーロッパの　はなしが　にんきが　あって、『マリーアントワネット』や、『エリザベート』は　なんかいも　じょうえんされています。

ほかに　有名なのは　てづかおさむきねんかんです。１９９４ねんに　たてられました。てづかおさむは　「マンガのかみさま」と　よばれていて、たくさんの人に　したしまれています。ミュージアムショップでは　いろいろ　グッズが売られていますよ。おみやげに　どうですか。

Hier ist die Stadt namens Takarazuka. Takarazuka ist berühmt für ein Musicaltheater. Die Musicals hier werden von Schauspielerinnen gespielt. Beliebt sind europäische Geschichte und „Marie Antoinette" oder „Elisabeth" werden immer wieder aufgeführt. Außerdem ist das „Tezuka Osamu Museum" berühmt. Es wurde im Jahre 1994 gebaut. Tezuka Osamu wird „Gott des Manga" genannt und ist bei vielen Leuten beliebt. Im Museumsladen werden verschiedene Fanartikel verkauft. Wie wäre es, eins als Souvenir?

LEKTION 6

Übung 1 – Track 34

1 どろぼうに　入られました。
2 まどを　わられて、かぎを　あけられました。
3 へやを　めちゃくちゃに　されました。
4 食器だなを　たおされて、食器を　わられました。
5 パソコンを　ぬすまれました。
6 ゆかを　よごされました。
7 テーブルに　きずを　つけられました。
8 あめに　ふられて、ふとんが　ぬれてしまいました。

1 Bei mir wurde von einem Dieb eingebrochen.
2 Das Fenster wurde eingeschlagen und mit dem Griff geöffnet.
3 Mein Zimmer ist total durcheinander gebracht worden.
4 Das Geschirrregal ist umgeworfen worden, und das Geschirr ist zerbrochen.
5 Mir ist der PC geklaut worden.
6 Der Boden ist dreckig gemacht worden.
7 Der Tisch ist beschädigt worden.
8 Es hat reingeregnet und der Futon wurde nass.

Übung 2 – Track 35

Shohei: ぼくは　フレヤさんに　食器を　あげます。あまってるのが　あるから。
Shoko: じゃあ、私は　フレヤさんに　たなを　あげます。古いのですが。
Toru: ぼくは　フレヤに　ふとんを　あげるよ。つかっていないのが　あるから。
Izumi: わたしは　フレヤに　ちゃぶだいを　あげる。べんりだよ。

Shohei: Ich gebe Freya Geschirr. Ich habe nämlich welches übrig.
Shoko: Na, dann gebe ich Freya ein Regal. Es ist aber ein altes.
Toru: Ich gebe Freya einen Futon. Ich habe einen, den ich nicht benutze.
Izumi: Ich gebe Freya einen Chabudai-Tisch. Er ist praktisch.

Übung 3 – Track 36

(1)
Freya: しょうへいさん、ちょっと　困っているんです。助けてもらえませんか。
Shohei: もちろんです。どうしたんですか。
Freya: どろぼうに　入られたんです。けいさつに　でんわしてくれませんか。
Shohei: それは　たいへんですね！　すぐしてあげますよ。

Freya: Shohei-san, ich habe Schwierigkeiten. Können Sie mir helfen?
Shohei: Na klar! Was ist denn los?
Freya: Bei mir wurde von einem Dieb eingebrochen. Können Sie für mich Polizei anrufen?
Shohei: Oh, das ist schlimm. Ich mache es sofort.

(2)
Freya: しょうこさん、ちょっと困っているんです。助けてもらえませんか。

Shoko: もちろんです。どうしたんですか。
Freya: どろぼうに　いえを　めちゃくちゃに　されたんです。きょう　とめてくれませんか？
Shoko: ええ！　たいへん！　もちろん　とめてあげますよ！

Freya: Shoko-san, ich habe Schwierigkeiten. Können Sie mir helfen?
Shohei: Na, klar! Was ist denn los?
Freya: Mir wurde die Wohnung von einem Dieb total durcheinander gebracht. Können Sie mich netterweise heute bei Ihnen übernachten lassen?
Shohei: Oh, das ist schlimm. Natürlich lasse ich Sie bei mir übernachten.

(3)
Freya: とおるさん、助けてもらえませんか。ちょっと　困っていて…
Toru: はい、どうしたんですか。
Freya: どろぼうに　食器を　ぜんぶ　わられちゃったんです。車で　かいものに　つれていってくれませんか。
Toru: いいですよ！　つれていってあげます。困ったときは　おたがいさまです。

Freya: Toru-san, können Sie mir helfen? Ich habe Schwierigkeiten.
Shohei: Ja. Was ist denn los?
Freya: Mir wurde mein ganzes Geschirr von einem Dieb kaputtgemacht. Können Sie mich mit dem Auto zum Einkaufen fahren?
Shohei: Gerne! Ich nehme Sie mit. Bei Problemen soll man einander helfen.

Übung 4 – Track 37

もうしました (ich habe gesagt)
もう　しました (ich habe es schon getan)

Übung 11 – Track 38

Polizistin: どうやって　どろぼうは　入ったんですか？
Freya: まどを　わられて、かぎを　あけられました。
Polizistin: なにを　取られましたか？
Freya: パソコンを　ぬすまれました。
Polizistin: ほかに　なにか　されましたか？
Freya: はい、食器だなを　たおされました。それから、ゆかをよごされました。
あと、あめに　ふられて、ふとんが　ぬれてしまいました。

Polizistin: Wie ist der Dieb in Ihre Wohnung eingebrochen?
Freya: Das Fenster wurde eingeschlagen und mit dem Griff geöffnet.
Polizistin: Was wurde Ihnen gestohlen?
Freya: Mir ist der PC gestohlen worden.
Polizistin: Wurde sonst noch etwas bei Ihnen gemacht?
Freya: Ja, das Geschirrregal wurde umgekippt und der Boden schmutzig gemacht. Und es hat außerdem reingeregnet, so dass mein Futon nass geworden ist.

Übung 12 – Track 39

①
Shohei: ぼくは　フレヤさんに　食器をあげました。あまってた　食器です。
Freya: しょうへいさんに　食器を　もらいました。
しょうへいさんは　食器を　くれました。
②
Shoko: 私は　フレヤさんに　たなを　あげました。古いのですが、きれいです。
Freya: しょうこさんに　たなを　もらいました。
しょうこさんは　たなを　くれました。

③

Toru: ぼくは　フレヤさんに　ふとんを　あげました。つかっていないのがあったので。

Freya: とおるさんに　ふとんを　もらいました。
とおるさんは　ふとんを　くれました。

①

Shohei: Ich habe Freya Geschirr gegeben. Das war Geschirr, das ich übrig hatte.

Freya: Ich habe von Shohei Geschirr bekommen. Shohei hat mir Geschirr gegeben.

②

Shoko: Ich habe Freya ein Regal gegeben. Das ist zwar alt, aber schön.

Freya: Ich habe von Shoko ein Regal bekommen. Shoko hat mir ein Regal gegeben.

③

Toru: Ich habe Freya einen Futon gegeben. Ich hatte einen, den ich nicht benutze.

Freya: Ich habe von Toru einen Futon bekommen. Toru hat mir einen Futon gegeben.

Übung 13 – Track 40

（れい）

Freya: しょうへいさん、ちょっと　困っているんです。助けてもらえませんか。

Shohei: もちろんです。何を　してあげたらいいですか。

Freya: けいさつに　でんわしてくれませんか。

Shohei: いいですよ。

Freya: けいさつに　でんわを　してくれて　ありがとう。おかげで　助かりました。

Freya: Shohei-san, ich habe Schwierigkeiten. Können Sie mir helfen?

Shohei: Na klar! Was kann ich für Sie tun?

Freya: Können Sie für mich die Polizei anrufen?

Shohei: Gerne.

Freya: Danke, dass Sie für mich die Polizei angerufen haben. Das hat mir geholfen.

LEKTION 7

Übung 1 – Track 41

Mann: ２４さい、ひとりぐらしです。いちばん　だいじな　じょうけんは　やはり　やちんですね。
きゅうりょうが　あまり　高くないですから。あとは、もより駅です。
会社に　行くのに　便利な　駅にしました。ちくねんすうや　ひろさは　あまり　だいじじゃないです。
いえでは　着がえて　ねるだけですから。

Frau: １８さい、がくせいです。いちばん　だいじな　じょうけんは　セキュリティです。はじめての　ひとりぐらしですし、いなかから　とかいに　出てきましたので　ふあんがあります。
ちくねんすうも　だいじです。古いのは　いやです。オートロックの　しんちくの　マンションです。
やちんは　すこし　高いですが、はらうのは　私じゃなくて　ちちなので…

Mann: ふうふで　くらしています。３２さいです。いちばん　だいじなのは　まどりですね。
しょうらい　こどもが　ほしいので、部屋がすくない　いえは　困ります。
あと、まわりの　かんきょうもだいじです。こどもは　しぜんのある　いいかんきょうで　そだてたいです。
会社から　すこし　遠いですが、しかたがないです。

Frau : ５５さい、しゅふです。こどもがいえを　出ましたので、ろうごにいなかに　ひっこそうと　おもっています。

静かで　じゅうにんが　親切な　ばしょに　行きたいですね。それが　いちばん　だいじです。
ひあたりのいい　にわで　ガーデニングが　したいですね。
びょういんや　スーパーが　近くに　あることも　だいじですね。

Mann: Ich bin 24 und wohne allein. Das Wichtigste ist letztlich die Miete. Ich verdiene nämlich nicht sehr viel. Außerdem ist ein Bahnhof in der Nähe wichtig. Es soll eine gute Zugverbindung zur Firma geben. Alter und Größe der Wohnung ist mir nicht so wichtig. Zuhause ziehe ich mir sowieso nur noch um und gehe schlafen.

Frau: Ich bin 18 und Studentin. Das Wichtigste für mich ist Sicherheit. Zum ersten Mal lebe ich alleine und bin vom Land in die große Stadt gezogen, daher fühle ich mich hier unsicher. Das Alter der Wohnung ist mir auch wichtig. Ich mag keine alten Wohnungen. Ich habe mich für ein Appartement mit automatisch schließender Tür entschieden. Die Miete ist etwas hoch, aber nicht ich, sondern mein Vater zahlt ja die Wohnung …

Mann: Ich wohne mit meiner Frau. Ich bin 32 Jahre alt. Das Wichtigste für uns ist, dass die Wohnung gut geschnitten ist. Wir wünschen uns Kinder, deshalb hätten wir Schwierigkeiten mit einer Wohnung mit wenigen Zimmern. Außerdem ist auch die Umgebung wichtig. Wir wollen unsere Kinder in einer guten Umgebung mit Natur aufwachsen lassen. Zur Arbeitsstelle liegt unsere Wohnung etwas weit entfernt, aber da kann man nichts machen.

Frau: Ich bin 55, Hausfrau. Alle meine Kinder sind ausgezogen, deshalb haben wir vor, im Alter aufs Land umzuziehen. Wir möchten an einen ruhigen Ort mit netten Nachbarn ziehen. Das ist das Wichtigste. Ich möchte in einem sonnigen Garten gärtnern. Außerdem ist wichtig, dass auch Krankenhäuser und Supermärkte in der Nähe sind.

Übung 2 – Track 42

(1)

Frau 1: わあ！　前の　いえより　だいぶ　ひろいですね！
Frau 2: ええ、でも、やちんは　今の　いえの　ほうが　だいぶ　高いんです。
Frau 1: ここは　前より　駅に　近いから　しかたがないですね。
Frau 2: ええ、お店も　たくさんあって、便利に　なりました。

Frau 1: Wow! Diese Wohnung ist viel größer als die Alte.
Frau 2: Ja, aber die Miete dieser Wohnung ist viel teurer.
Frau 1: Da die Wohnung näher am Bahnhof liegt, muss man das akzeptieren.
Frau 2: Ja, es gibt auch viele Läden und es ist dadurch bequemer geworden.

(2)

Mann: ここは　前より　明るくて　いいんじゃない？
Frau: うん、おおやさんは　前のほうが　親切だったけどね。
Mann: セキュリティは　どう？
Frau: しっかりしているよ。オートロックも　ついていて、もんだいないよ。前は　なかったから、ふあんだった。

Mann: Die Wohnung hier ist heller als die alte, das ist schön, oder?
Frau: Ja. Der alte Vermieter war jedoch netter als der neue.
Mann: Wie ist das Sicherheitssystem hier?
Frau: Gut! Da es auch automatische Türverriegelung gibt, gibt es keine Probleme. Die alte Wohnung hatte es nicht, deswegen habe ich mich dort unsicher gefühlt.

(3)
Mann 1: かちょう、ひっこししたそうですね。 どうですか？ あたらしい いえは。
Mann 2: なかなか いいよ。 まえより へやが 多いから、こどもたちに じぶんの部屋が できたし。
Mann 1: そりゃあ、おこさんたちは うれしいでしょうね。
Mann 2: ただ 今のほうが 会社から 遠いから、ぼくは たいへんだよ。

Mann 1: Chef, ich habe gehört, dass Sie umgezogen sind. Wie ist Ihr neues Haus?
Mann 2: Ziemlich gut. Da es mehr Zimmer als das alte hat, gibt es für die Kinder eigene Zimmer.
Mann 1: Sicherlich freuen sich Ihre Kinder darüber.
Mann 2: Ja, nur da das jetzige Haus weiter von der Firma entfernt ist, ist es für mich schwierig.

(4)
Mann: どうだい？ このいえは。
Frau: そうね…前より しぜんが お多くて かんきょうが いいね。
Mann: だろう？ そのかわり、こちらのほうが ちくねんすうは 古いけどね。
Frau: でも、ひあたりが よくなって、いごこちがいいよ。

Mann: Wie findest du das Haus?
Frau: Ja … hier gibt es mehr Natur und die Umgebung ist schön.
Mann: Nicht wahr? Aber dafür ist das Haus älter als das alte.
Frau: Aber hier ist es sonniger und gemütlich.

Übung 7 – Track 43

Mann: いえは みつかりましたか。
Frau: いいえ、まだ みつからないんです。
Mann: どんな いえが いいんですか。
Frau: やちんが いちばん だいじですね。すこし 古くてもいいです。あとは、今の いえより 静かなほうが いいですね。
Mann: そうですか。はやく みつかるといいですね。

Mann: Haben Sie eine Wohnung gefunden?
Frau: Nein, ich haben noch nichts gefunden.
Mann: Was für eine Wohnung suchen Sie?
Frau: Das Wichtigste ist die Miete. Die Wohnung kann ruhig etwas alt sein. Außerdem wäre schön, wenn die neue Wohnung ruhiger als meine jetzige ist.
Mann: Ach so. Ich wünsche Ihnen, dass Sie bald eine finden.

Übung 8 – Track 44

Mann: どうですか、あたらしい いえは。
Frau: きにいっています。前より ひろく なりました。
Mann: それは いいですね。
Frau: でも やちんは前より 高いです。

Mann: Wie ist die neue Wohnung?
Frau: Sie gefällt mir. Sie ist größer als die alte.
Mann: Das ist ja gut.
Frau: Aber die Miete ist höher als die alte.

LEKTION 8

Übung 1 – Track 45

(1)
私の　仕事は専門せいが　たかくて、しゅうしょくしにくい　仕事です。でも、すきなことを　仕事に　できるので、やりがいがあります。キャリアに　つぶしがきかないので、てん職は　むずかしいですが。あまり　人と　話さなくてもいいし、服や　かみがたも　きびしくないし、らくですね。ストレスは　たまりません。いちにちじゅう　じっけん　しています。

Man braucht hohe Fachkenntnisse für meinen Beruf und findet nicht so einfach eine Stelle. Aber ich kann als Arbeit das machen, was ich mag, daher lohnt es sich. Meine Fachkenntnisse sind jedoch nicht in vielen Gebieten verwendbar, so dass es nicht leicht ist, eine neue Stelle zu finden. Ich muss nicht mit Leuten kommunizieren und es gibt keine strengen Kleidungs- oder Frisurvorschriften, so dass es angenehm für mich hier ist. Ich habe keinen Stress. Ich kann den ganzen Tag Experimente durchführen.

(2)
私は　仕事で　せかいじゅう　りょこうします。給料は　安いですが、とくいな英語が　つかえるし、いろいろな　くにに　行けるし、とても　たのしい仕事です。でも、おきゃくさんの　クレームがあったり、トラブルが　あったり、たいへんな　ことも　多いです。あと、きんむじかんが　ふきそくで　ながすぎますね。肉体ろうどうですし。

Mein Beruf ist es, um die ganze Welt zu reisen. Das Gehalt ist niedrig, aber die Arbeit macht viel Spaß, da ich meine Englischkenntnisse auf hohem Niveau verwenden und verschiedene Länder besuchen kann. Es gibt jedoch auch viele anstrengende Sachen, wie Beschwerden von Reisenden oder Ärger. Außerdem ist die Arbeitszeit unregelmäßig und zu lang. Es ist eine körperliche Arbeit.

(3)
私は　仕事で　たくさんの　おかねをあつかっています。会社が　とうさんしたり、くびになったり　することが　すくない、あんていした　仕事ですね。残業も　ひかくてき　すくなくて、給料もいいです。でも、人の　いやな　ぶぶんも　たくさん　みますし、ストレスがたまります。あと、ノルマが　たくさんあったり、こまかい　じむ仕事が　多すぎたり　するのも　つらいです。

Ich gehe beruflich mit viel Geld um. Meine Firma geht nicht so einfach pleite und Angestellte werden selten entlassen. Es ist eine sichere Arbeitsstelle. Man macht relativ wenige Überstunden und wird gut bezahlt. Aber ich sehe viele unangenehme Seiten der Menschen und bekomme dadurch viel Stress. Außerdem gibt es auch viele Normen und zu viele detaillierte Papierarbeiten, was auch sehr hart für mich ist.

(4)
私の　仕事は　びょうきや　けがの　人たちの　おせわをする　仕事です。たいへんですが　やりがいのある　仕事です。しかくがいりますし、人手ぶそくですし、しゅうしょくはしやすいです。給料は　ひかくてき　いいですが、きんむじかんが　ふきそくですし、肉体ろうどうですし　とてもつかれます。

Mein Beruf ist es, kranke und verletzte Personen zu pflegen. Es ist anstrengend, aber die Mühe lohnt sich. Für den Beruf muss man qualifiziert sein und es werden Leute immer gesucht, deswegen ist es nicht besonders schwer, eine Stelle zu finden. Das Einkommen ist zwar relativ gut, aber durch die unregelmäßigen Arbeitszeiten und die körperliche Arbeit ist es sehr anstrengend.

Übung 2 – Track 46

(1)

Person 1: しょうらい、どんな　職ぎょうに　つきたいですか。

Person 2: 大きな　会社の　じむ仕事がいいですね。しゅうまつに　やすみが　取れますから。

Person 1: Was für einen Beruf möchten Sie künftig haben?

Person 2: Eine Büroarbeit bei einer großen Firma wäre schön. Ich kann dann am Wochenende frei haben.

(2)

Person 1: しょうらい、どんな　職ぎょうに　つきたいですか。

Person 2: しかくのいる　専門職をめざします。食べるのに困らないとおもうので。

Person 1: Was für einen Beruf möchten Sie künftig haben?

Person 2: Ich möchte eine qualifizierte Fachkraft werden. Ich glaube, man kann dann immer genug für das Leben verdienen.

(3)

Person 1: しょうらい、どんな　職ぎょうに　つきたいですか。

Person 2: あんていした　仕事が　いいです。会社が　とうさんしたら困りますし、リストラにも　あいたくないです。

Person 1: Was für einen Beruf möchten Sie künftig haben?

Person 2: Eine sichere Stelle wäre schön. Denn ich würde Schwierigkeiten haben, wenn meine Firma schließt, und ich möchte nicht entlassen werden.

(4)

Person 1: しょうらい、どんな　職ぎょうに　つきたいですか。

Person 2: やりがいのある　職に　つきたいです。給料より　やりがいのほうが　だいじです。

Person 1: Was für einen Beruf möchten Sie künftig haben?

Person 2: Ich möchte einen Beruf haben, der meine Mühe wert ist. Für mich ist das wichtiger als der Lohn.

(5)

Person 1: しょうらい、どんな　職ぎょうに　つきたいですか。

Person 2: 残業が　すくない　仕事ですね。趣味や　かぞくとの　じかんも　たいせつなので。

Person 1: Was für einen Beruf möchten Sie künftig haben?

Person 2: Eine Stelle mit wenig Überstunden. Für mich ist nämlich Zeit für Hobbys oder meine Familie auch wichtig.

Übung 3 – Track 47

Suzuki: すみません、すずきともうします。サイトで　きゅうじんこうこくを　はいけんしました。たんとうの　はやしさんは　いらっしゃいますか。

Sekretärin: はい、しょうしょう　おまちください。

Hayashi: はい、はやしです。きゅうじんへの　ごおうぼ　ですね。ではまず、りれきしょを　おおくりください。そのあとで　めんせつを　しましょう。

Suzuki: はい、よろしくおねがいいたします。

Suzuki: Guten Tag, mein Name ist Suzuki. Ich habe Ihre Stellenanzeige auf Ihrer Website gesehen. Ist Herr Hayashi, der dafür zuständig ist, zu sprechen?

Sekretärin: Ja, warten Sie einen Moment bitte.

Hayashi: Hier Hayashi. Sie möchten sich für die Stelle bewerben? Dann senden Sie uns bitte zuerst Ihren Lebenslauf. Danach machen wir ein Vorstellungsgespräch.
Suzuki: In Ordnung.

Übung 9 – Track 48

Person 1: しょうらい、どんな　仕事に　つきたいですか。
Person 2: 残業が　すくない　仕事が　いいです。
Person 1: どうしてですか。
Person 2: 趣味の　じかんも　だいじですし、かぞくと　すごしたいですし。
Person 1: たとえば　どんな職ぎょう。
Person 2: そうですね、大きな　会社の　じむいんが　いいです。
Person 1: そうですか。みつかると　いいですね。

Person 1: Was für einen Beruf möchten Sie künftig haben?
Person 2: Eine Stelle mit wenigen Überstunden.
Person 1: Warum?
Person 2: Für mich ist nämlich Zeit für Hobbys wichtig und ich möchte mit meiner Familie Zeit verbringen.
Person 1: Was für einen Beruf zum Beispiel?
Person 2: Hmm … Eine Büroarbeit bei einer großen Firma wäre schön.
Person 1: Ach so. Ich wünsche Ihnen, dass Sie sie finden.

Übung 10 – Track 50

Person 1: お仕事は　何を　なさってますか。
Person 2: かんごしです。
Person 1: どんな　ことを　する　仕事ですか。
Person 2: びょうきの　人の　おせわを　したり、けんさを　したり　します。

Person 1: Was sind Sie von Beruf?
Person 2: Krankenpfleger.
Person 1: Welche Tätigkeiten üben Sie bei dem Beruf aus?
Person 1: Ich kümmere mich um kranke Personen oder untersuche sie …

INTONATION AM SATZENDE – Track 52

食べる　(ich esse)　　食べる？　(Isst du?)

LEKTION 9

Übung 1 – Track 53

(a)
Verkäufer: いらっしゃいませ。何か　おさがしですか。
Frau: ええ、すいはんきを　さがしています。こわれてしまって…
Verkäufer: では、こちらは　いかがでしょうか。

Verkäufer: Willkommen. Suchen Sie etwas Bestimmtes?
Frau: Ja, ich suche einen Reiskocher. Meiner ist kaputt.
Verkäufer: Wie wäre es mit diesem hier?

(b)
Verkäuferin: いらっしゃいませ。ごらいてん　ありがとうございます。
Mann: ええと…　エアコン売りばは　どこですか？　今のが　ちょうしわるくて…
Verkäuferin: エアコンですね。こちらになります。

Verkäuferin: Willkommen. Vielen Dank für Ihren Besuch in unserem Geschäft.
Mann: Äh … Wo finde ich eine Klimaanlage? Meine derzeitige funktioniert nicht richtig …
Verkäuferin: Klimaanlagen … Hier entlang bitte.

(c)

Verkäufer: スマホを　おさがしですか？

Frau: ええ、たくさんありますね…
おすすめは　ありますか？

Verkäufer: では、こちらは　いかがでしょうか。

Verkäufer: Suchen Sie ein Smartphone?

Frau: Ja, es gibt sehr viele. Können Sie mir eines empfehlen?

Verkäufer: Wie wäre es mit diesem hier?

(d)

Verkäuferin: いらっしゃいませ。ごらんくださいませ。

Mann: すみません。このテレビ　ほしいんですが。

Verkäuferin: かしこまりました。しょうしょう　おまちください。

Verkäuferin: Willkommen. Bitte schauen Sie sich unsere Waren an.

Mann: Entschuldigung. Ich möchte diesen Fernseher haben.

Verkäuferin: Alles klar. Warten Sie einen Moment bitte.

(e)

Verkäufer: ごらいてん　ありがとうございます。

Frau: ええと、でんしレンジ　ほしいんだけど、これと　これと　どちらの　ほうが　いいですか？

Verkäufer: そうですね…　こちらのほうが　おもとめやすい　価格です。

Verkäufer: Vielen Dank für Ihren Besuch in unserem Geschäft.

Frau: Also, ich möchte eine Mikrowelle. Welche ist besser: diese oder diese?

Verkäufer: Hmm, ja … Diese hier hat einen günstigeren Preis.

(f)

Verkäuferin: Kann ich Ihnen helfen? Suchen Sie einen Staubsauger?

Mann: Ja, mein derzeitiger funktioniert nicht mehr. Haben Sie den in anderen Farben?

Verkäuferin: Ja, haben wir. Warten Sie einen Moment bitte.

Verkäuferin: いらっしゃいませ。そうじきを　おさがしですか。

Mann: ええ　今のが　うごかなくなっちゃって。
これ、べつの色　ありませんか？

Verkäuferin: はい、ございます。しょうしょう　おまちください。

(g)

Verkäufer: そちらの　売りばの　せんたくきは　ただいま　おかいどくに　なっています。

Frau: そうなんですか。かんそう機能が　ついているのがほしいんですが。

Verkäufer: それなら、こちらは　いかがでしょう。

Verkäufer: Die Waschmaschinen dort sind zur Zeit reduziert.

Frau: Ach so. Ich möchte eine mit Trockner.

Verkäufer: Wenn Sie so eine möchten, wie wäre diese hier?

(h)

Verkäuferin: いらっしゃいませ。おうかがいしましょうか。

Mann: ええ、れいぞうこを　みたいんですが。

Verkäuferin: では、こちらの　売りばを　ごらんください。

Verkäuferin: Willkommen. Kann ich Ihnen helfen?

Mann: Ja, ich möchte einen Kühlschrank anschauen.

Verkäuferin: Ja, dann schauen Sie in dieser Abteilung.

Übung 4 – Track 54

①

Frau: あのう、これ　きのう　ここで　かった　カメラですけど、こわれてて　うごかないんです。あたらしいのと　とりかえてもらえませんか
Verkäufer: かしこまりました。　りょうしゅうしょは　おもちですか。

Frau: Guten Tag, dies ist ein Fotoapparat, den ich gestern hier gekauft habe, er ist kaputt und funktioniert nicht. Können Sie den bitte umtauschen?
Verkäufer: In Ordnung. Haben Sie den Bon?

②

Mann: すみません。この　テレビなんですけど　ちょうしわるくて…
Verkäuferin: はい。いかがいたしましょうか。
Mann: 保障きかんなら　むりょうでしゅうり　できますか？これ　保障しょです。

Mann: Entschuldigung. Es geht um diesen Fernseher, er funktioniert nicht richtig.
Verkäuferin: Ja, was kann ich für Sie tun?
Mann: Wenn er noch Garantie hat, könnte ich ihn kostenlos reparieren lassen? Hier ist der Garantiezettel.

①

Frau: すみません。注文した　ワンピースが　とどいたんですが、サイズが　あわないんです。返品　できますか？
Verkäufer: はい、かしこまりました。

Frau: Entschuldigung. Das bestellte Kleid wurde geliefert, aber die Größe passt mir nicht. Kann ich es zurückgeben?
Verkäufer: Jawohl.

④

Mann: あの、この　くつ、これしかないの？
Verkäuferin: はい。げんぴんかぎりと　なっております。
Mann: じゃあ、ちょっと　安くしてよ。
Verkäuferin: では、価格から　１０％　わりびき　いたします。

Mann: Hallo, haben Sie von diesen Schuhen nur das Paar?
Verkäuferin: Ja, es gibt nur das Ausstellungsexemplar.
Mann: Dann machen Sie es bitte ein bisschen günstiger.
Verkäuferin: Also, ich kann vom Preis 10% Rabatt geben.

Übung 10 – Track 55

Verkäufer: いらっしゃいませ。何か　おさがしですか。
Frau: ええ、すいはんきを　さがしているんですが、どこに　ありますか。
Verkäufer: では、こちらへ　どうぞ。
Frau: たくさん　ありますね。おすすめは　ありますか。
Verkäufer: ええ、おすすめは　こちらです。機能が　たくさん　ついていて　便利です。
Frau: きのうは　あまり　いらないんです。シンプルなのが　いいです。
Verkäufer: では、この　Ｈしゃのは　いかがですか。
Frau: うーん、これは　Ｔしゃのと　どこが　ちがいますか。
Verkäufer: Ｈしゃのは　Ｔしゃより、りょうが　たくさんたけます。

Frau: そうですか。じゃあ　Hしゃの　に　します。でも、べつの　色　ありませんか。
Verkäufer: はい、べつの　色も　ございます。しょうしょう　おまちください。

Verkäufer: Herzlich willkommen. Suchen Sie etwas?
Frau: Ja, ich suche einen Reiskocher. Wo gibt es die?
Verkäufer: Dann hier entlang bitte.
Frau: Es gibt viele, nicht wahr? Haben Sie einen zu empfehlen?
Verkäufer: Ja, meine Empfehlung ist dieser hier. Er hat viele Funktionen und ist praktisch.
Frau: Ich brauche nicht so viele Funktionen. Ich möchte einen einfachen.
Verkäufer: Wie wäre es dann mit dem von Firma H?
Frau: Hmmm, was sind die Unterschiede von diesem zu dem von Firma T?
Verkäufer: Der von Firma H kann eine größere Menge kochen als der von Firma T.
Frau: Aha. Okay, dann nehme ich den von der Firma H. Aber gibt es ihn vielleicht in einer anderen Farbe?
Verkäufer: Ja, es gibt auch andere Farben. Warten Sie einen Moment bitte.

Übung 11 – Track 56

Kundenservice: おまたせいたしました。カスタマーサービスで　ございます。
Kunde: すみません、オンラインで　商品を　注文したんですけど、うごかないんです。こうかんしてほしいんですが。
Kundenservice: かしこまりました。おてつづきを　いたします。

Kundenservice: Entschuldigen Sie, dass ich Sie habe warten lassen. Hier spricht der Kundenservice.
Kunde: Hallo, ich habe eine Ware online bestellt, aber sie funktioniert nicht. Ich möchte sie umtauschen.
Kundenservice: Alles klar. Ich veranlasse den Umtausch.

Übung 12 – Track 58

きょう　ともだちと　町で　かいものしました。
Heute habe ich mit einem Freund in der Stadt eingekauft.

きょう　**ともだちと**　町で　かいものしました。
Mit einem Freund habe ich heute in der Stadt eingekauft.

きょう　ともだちと**町で**　かいものしました。
In der Stadt habe ich heute mit einem Freund eingekauft.

きょう　ともだちと　町で　**かいものしました。**
Eingekauft habe ich heute mit einem Freund in der Stadt.

LEKTION 10

Übung 1 – Track 59

1. 結婚する　**2.** プロポーズする
3. こんやくする　**4.** せわを する
5. せんたくする　**6.** おさらを　あらう
7. せんたくものを　たたむ
8. おべんとうを　つくる

1. heiraten; **2.** einen Heiratsantrag machen; **3.** sich verloben; **4.** sich um etwas kümmern lassen; **5.** Wäsche waschen; **6.** Teller spülen; **7.** Wäsche falten; **8.** eine Lunchbox machen

Übung 2 – Track 60

Freya: 9がつに　ドイツに　かえろうと　おもっています。

3 AUDIOTEXTE

Shohei: …かえってほしくない。
Freya: でも…
Shohei: 結婚しよう！
Freya: え…？
Shohei: ずっと　プロポーズしようと　おもっていた…
Freya: ほんとうに？　びっくりした。
Shohei: いますぐ　こんやくしよう！
Freya: ちょっととつぜんで…
Shohei: 今から　デパートで　ゆびわを　かおうか。

Freya: Ich habe vor, im September nach Deutschland zurückzukehren.
Shohei: … ich möchte nicht, dass du zurückfliegst.
Freya: Aber …
Shohei: Lass uns heiraten!
Freya: Was …?
Shohei: Ich hatte die ganze Zeit vor, dir einen Heiratsantrag zu machen.
Freya: Wirklich? Das ist ja eine Überraschung …
Shohei: Lass uns sofort verloben!
Freya: Aber das ist ein bisschen unerwartet …
Shohei: Wollen wir jetzt im Kaufhaus Ringe kaufen?

Übung 3 – Track 61

Reporter: おこさんに　まいにち　何か　お手伝い　させていますか。
Frau: はい、そうじきを　かけさせて　います。あと、せんたくものを　たたませます。

Reporter: おこさんに　まいにち　何か　おてつだい　させていますか。
Mann: はい、かいものに　いってもらいます。　それから　ペットの　せわを　させます。

Reporter: おこさんに　まいにち　何か　お手伝い　させていますか。
Frau: そうですね・・・　アイロンを　かけさせていますよ。　あとは　おさらを　あらわせています。

Reporter: Lassen Sie jeden Tag Ihr Kind etwas im Haushalt helfen?
Frau: Ja, ich lasse es staubsaugen. Außerdem lasse ich es Wäsche zusammenlegen.

Reporter: Lassen Sie jeden Tag Ihr Kind etwas im Haushalt helfen?
Mann: Ja, ich lasse es für mich einkaufen gehen. Und ich lasse es sich um das Haustier kümmern.

Reporter: Lassen Sie jeden Tag Ihr Kind etwas im Haushalt helfen?
Frau: Hmm, ja … ich lasse es ja bügeln. Außerdem lasse ich es noch Teller spülen.

Übung 10 – Track 63

Mutter: いらっしゃい。
Mann: はじめまして。ほんじつは　おじかんを　ありがとうございます。
Mutter: どうぞ　おあがりください。
Mann: しつれいします。
Mutter: こちらへ　どうぞ。
Mann: ありがとうございます。あの、これ　つまらないものですが…
Mutter: まあ、ありがとうございます。

Mann: おじょうさんと　おつきあいさせていただいている　むらかみです。
Vater: ああ、むすめから　きいているよ。
Mann: ほんじつは　結婚の　ごあいさつに　まいりました。ふたりで　幸せな　家庭をつくろうと　おもっています。どうぞ　よろしくおねがいします。

Mutter: Willkommen.
Mann: Schön, Sie kennenzulernen. Vielen Dank, dass Sie sich heute für mich Zeit genommen haben.
Mutter: Bitte kommen Sie herein.
Mann: Danke schön.
Mutter: Hier entlang bitte.

Mann: Danke schön. Übrigens, ich habe etwas Kleines für Sie mitgebracht …
Mutter: Oh! Danke schön.

Mann: Ich heiße Murakami und bin der Freund Ihrer Tochter.
Vater: Ah, das habe ich von ihr mitbekommen.
Mann: Heute bin ich gekommen, um Ihnen zu berichten, dass wir heiraten wollen. Wir wollen gemeinsam eine glückliche Familie gründen. Ich hoffe, dass Sie uns wohlgesonnen sind.

Übung 11 – Track 63

Freya: たくさん　こどもが　ほしいです。
Shohei: うん、そうだね！
Freya: こどもには　からだに　いいものを　食べさせたいです。
Shohei: がんばって　ぼくが　まいにち料理するよ！
Freya: すこし大きく　なったら　いろいろ　お手伝いしてもらおうと　おもっています。
Shohei: うん、おさらを　あらわせたり、ペットの　せわを　させたり…
Freya: それから、バイオリンを　習わせましょう。
Shohei: いいね、そうしよう！
Freya: えいかいわにも　行かせましょう。
Shohei: うん。
Freya: ヨーロッパの　だいがくに行かせようと　おもっています。
Shohei: え、それは　だめだよ。あっちで結婚してしまうかもしれないよ。そしたら　こどもに　あえないよ。外国には　行かせない！
Freya: え？　私と結婚するのに？？？

Freya: Ich möchte viele Kinder haben.
Shohei: Ja, ich bin auch dafür.
Freya: Ich möchte meine Kinder gesund essen lassen.
Shohei: Ich gebe mir Mühe, jeden Tag selbst zu kochen.
Freya: Wenn sie etwas älter sind, möchte ich sie mir im Haushalt helfen lassen.
Shohei: Ja, Teller spülen oder sich ums Haustier kümmern lassen usw. …
Freya: Und dann werde ich sie Geigenunterricht nehmen lassen.
Shohei: Gute Idee! Das machen wir so.
Freya: Ich werde sie auch zum Englisch-Konversationskurs schicken.
Shohei: Ja.
Freya: Ich habe vor, sie an der europäischen Hochschule studieren zu lassen.
Shohei: Was? Das geht nicht. Dann werden sie vielleicht dort heiraten. Dann kann ich sie nicht mehr sehen. Ich lasse sie nicht ins Ausland gehen!
Freya: Was? Und das, obwohl du mich heiratest???

1 Kurzform

Im Powerkurs Japanisch für Anfänger wurden die japanischen Texte ausschließlich in der höflichen Langform (sogenannte *desu-masu*-Stil) präsentiert. Die neutrale Kurzform (informelle Form oder Einfachform) wurde in der Grammatik vorgestellt, aber nicht in den Übungen angewendet. In diesem Buch kommt diese Form nun immer wieder vor und Sie müssen die Form sicher beherrschen.

1.1 Formenbildung

Bevor wir die Funktionen der Kurzform lernen, beschäftigen wir uns noch einmal tabellarisch mit der Formenbildung der Kurzform.

Verb

	Langform	Kurzform
Präsens	～(i)ます	～(u)/る Grundform
Präsens negativ	～(i)ません	～(a)ない　Nai-Form
Perfekt	～(i)ました	Te-Formstamm＋た　Ta-Form
Perfekt negativ	～(i)ませんでした	～(a)なかった

Ausnahme: ある in der Kurzform negativ → ない (Präsens)　なかった (Perfekt)
Die in Klammern stehenden Elemente gelten für die Verben der Gruppe I (u-Verben).

I-Adjektiv

	Langform	Kurzform
Präsens	～いです	～い
Präsens negativ	～くないです／～くありません	～くない
Perfekt	～かったです	～かった
Perfekt negativ	～くなかったです／～くありませんでした	～くなかった

Ausnahme: いい → よくない (Präsens negativ)
よかった (Perfekt)　よくなかった (Perfekt negativ)

Na-Adjektiv/Nomen

	Langform	Kurzform
Präsens	～です	～だ
Präsens negativ	～じゃないです／じゃありません	～じゃない
Perfekt	～でした	～だった
Perfekt negativ	～じゃなかったです／～じゃありませんでした	～じゃなかった

1.2 Gebrauch der Kurzform

1 Informeller Sprachstil

Die Kurzform wird z.B. in informellen Gesprächssituationen der Umgangssprache verwendet, etwa in der Familie oder im Gespräch mit Freunden. Auch in Anime oder Manga hören oder lesen Sie bestimmt häufiger den informellen Sprachstil als den formellen *desu-masu*-Stil.

2 Bestandteil funktioneller Satzmuster

Die Kurzform wird jedoch nicht nur im informellen Sprachstil gebraucht. Sie ist auch Bestandteil verschiedener funktioneller Ausdrücke. Diese Ausdrücke werden sowohl in Sätzen im höflichen als auch im informellen Sprachstil verwendet. Den Höflichkeitsgrad eines Satzes bestimmt dabei in der Regel das Verb am Ende des Satzes: Wenn z.B. in der Satzmitte eine Kurzform verwendet wird, heißt dies nicht automatisch, dass der Satz informell ist. Wir hatten bereits im Powerkurs Japanisch für Anfänger ein Beispiel kennengelernt: die negative Bitte mit der negativen Kurzform (*Nai*-Form).

ここでたべないでください。 *(Bitte essen Sie hier nicht.)*
Die negative Kurzform Präsens als Teil eines funktionellen Satzmusters

§ 2 Informeller Sprachstil

Mit dem höflichen Sprachstil sind Sie auf der sicheren Seite: Sie können diesen im Grunde genommen jeder Person gegenüber verwenden. So spricht man z.B. mit älteren Menschen im formellen Stil, aber auch mit Menschen in der gleichen Altersgruppe wie auch mit Menschen, die jünger sind, aber die man nicht so gut kennt.
Mit der Familie oder mit anderen vertrauten Personen wie Freunden spricht man jedoch eher in einem umgangssprachlichen informellen Stil. Zur Umgangssprache gehören neben der Kurzform auch weitere sprachliche Besonderheiten wie z.B. Verschleifungs- und Verkürzungsformen von Verben, Partikeln, die Emotionen ausdrücken und nur in der Umgangssprache verwendet werden, oder auch Auslassungen von grammatikalischen Elementen. Die informellen Formen alleine machen nicht den informellen Sprachstil, erst die Verbindung mit Interjektionspartikeln, Auslassungen von z.B. Kasuspartikeln und die ganzen Verschleifungen macht das Ganze in Verbindung mit informellen Formen umgangssprachlich.
Außerdem wird der informelle Stil in verschiedenen Bereichen der geschriebenen Sprache verwendet wie z.B. in Tagebüchern, in wissenschaftlichen Arbeiten, in Büchern oder Zeitungen, aber hier fehlen dann die umgangssprachlichen Elemente.

1. Verwenden Sie keine Fragepartikel か am Satzende, sondern sagen Sie das letzte Wort des Satzes mit steigender Intonation.

   ひるごはん、たべる~~か~~？ → ひるごはん、たべる（　）？
   (Isst du Mittagsessen?)
   そのまんが、おもしろい~~か~~？ → そのまんが、おもしろい（　）？
   (Ist der Manga interessant?)

2. Verwenden Sie keine Kopula だ.

きょう、ひま~~だ~~？
きょう、ひま~~だか~~？ } きょう、ひま（　）？　（*Hast du heute Zeit?*）

フレヤは、がくせい~~だ~~？
フレヤは、がくせい~~だか~~？ } フレヤは、がくせい（　）？　*(Ist Freya Studentin?)*

Wenn Sie die positive Antwort in der informellen Umgangssprache mit だ geben, klingt dies etwas grob. Lassen Sie also das だ weg oder hängen Sie die Satzschlusspartikel よ an.

きょう、ひま？　→　うん、ひま／ひまだよ
　　　　　　　　→　うん、ひま／ひまよ　(Frauensprache)

3. In der Konversation werden die Partikeln „は", „が", „を" und „へ" häufig weggelassen, wenn sie vom Kontext her klar sind. Andere Partikeln bleiben stehen.

A: あそこにマクドナルド（が）ある！　マクドナルド（へ）いこう！
B: わたし（は）、ハンバーガー（を）たべる！

A: Dort drüben ist ein McDonald! Lasst uns zu MacDonald gehen!
B: Ich esse einen Hamburger!

4. In der informellen Umgangssprache kommen häufig Verkürzungen (*Shukuyaku-kei*) vor. Folgende funktionelle Ausdrücke in diesem Buch haben Verkürzungsformen:

〜ではない　→　〜じゃない
〜ている　→　〜てる
しょうへいはジーンズをはいている。　→　しょうへいはジーンズをはいてる。
(Shohei hat Jeans an.)

〜ておく　→　〜とく
水をかっておく。　→　水をかっとく。
(Vorsorglich kaufe ich mir Wasser.)

§ 3 Adnominalsatz (Relativsatz)

Relativsätze des Deutschen, die Nomina näher beschreiben, werden im Japanischen u.a. durch adnominale Ausdrücke (Bestimmungssätze) ausgedrückt. Der Teil, der im Deutschen als Relativsatz hinter dem Nomen steht, wird im Japanischen adnominal vor das jeweilige Nomen gesetzt. Wichtig ist hierbei, dass das Verb vor dem Nomen in der informellen Präsens- oder Perfektform steht.

Da es im Japanischen keine Relativpronomina gibt, fällt die im deutschen Relativsatz vorhandene Kasusformulierung des Relativpronomens im japanischen Adnominalsatz weg (in der deutschen Übersetzung muss man sie aus dem Kontext erschließen).
Welche Partikel an das Nomen des adnominalen Ausdrucks gefügt wird, hängt nun vom nachfolgenden Verb oder Adjektiv ab (s.u.).

Grundsatz	Adnominaler Ausdruck (Relativsatz im Deutschen)
私は えいがを みました。	このまえ みた えいがは、おもしろかった。
Ich habe einen Film gesehen.	*Der Film, **den** ich gesehen habe, war interessant.*
きのう レストランで たべました。	きのう たべた レストランは、とても よかった。
Ich habe gestern in einem Restaurant gegessen.	*Das Restaurant, **in dem** ich gestern gegessen habe, war sehr gut.*

Der adnominale Bestimmungssatz

Adnominale Bestimmungssätze im Japanischen können (wie Relativsätze im Deutschen) von jedem Nomen eines Hauptsatzes gebildet werden, wie Sie am folgenden Beispiel sehen. Diese Sätze wiederum können dann Teil eines neuen, übergeordneten Hauptsatzes werden, genauso wie deutsche Relativsätze in einen übergeordneten Hauptsatz eingebettet werden können.

なかやまさんが	きっさてんで	おちゃを	のんでいます。
a)	b)	c)	

Frau Nakayama trinkt gerade in einem Café einen Tee.

Nacheinander werden die drei Nomen des Satzes, a) Frau Nakayama, b) das Café und c) der Tee mit den Worten dieses Ursprungssatzes näher beschrieben und können Teil eines neuen, übergeordneten Hauptsatzes werden.

a) きっさてんで おちゃを のんでいる なかやまさんが／は／を／に…
Frau Nakayama, die in einem Café gerade einen Tee trinkt, …

b) なかやまさんが おちゃを のんでいる きっさてんが／は／を／に…
Das Café, in dem Frau Nakayama gerade einen Tee trinkt, …

c) なかやまさんが きっさてんで のんでいる おちゃが／は／を／に…
Der Tee, den Frau Nakayama gerade in einem Café trinkt, …

Wie Sie an den unterstrichenen Stellen oben sehen, muss das Verb des bestimmenden Satzes immer in der Kurzform sein.
Innerhalb des Adnominalsatzes kommt niemals die Themapartikel
は wa (außer mit vergleichender Funktion) vor.

4 GRAMMATIK

Der adnominale Bestimmungssatz als Teil eines neuen Hauptsatzes

Wir benutzen die adnominal näher beschriebenen Nomina aus den Beispielsätzen als Satzthema eines neuen, übergeordneten (hier unterstrichenen) Satzes:

a) きっさてんで おちゃを のんでいる なかやまさんは 私の ともだちです。
Frau Nakayama, die in einem Café gerade einen Tee trinkt, ist meine Freundin.

b) なかやまさんが おちゃを のんでいる きっさてんは えきの ちかくに あります。
Das Café, in dem Frau Nakayama gerade einen Tee trinkt, liegt in der Nähe des Bahnhofs.

c) なかやまさんが きっさてんで のんでいる おちゃは スリランカのです。
Der Tee, den *Frau Nakayana gerade in einem Café trinkt, kommt aus Sri Lanka.*

Umtausch der Partikeln ga und no

Wenn der bestimmende Satz ein einfacher Satz ist, in dem das Verb, auf das sich das Nomen mit ga bezieht, direkt nach dem Nomen steht, können die Partikel が und の miteinander vertauscht werden.

私が たべる ケーキ… Kuchen, den ich esse …
4 私の たべる ケーキ… Kuchen, den ich esse …

Bei der Variante c) der obigen Beispielsätze soll man die Partikel が jedoch nicht austauschen, da hier das Nomen mit が (なかやまさんが) wegen weiterer Wörter (きっさてんで) zu weit weg vom Bezugsverb nonde iru steht.

§ 4 Erklärungsmodus (n desu)

Bisher hatten wir die Sätze, die objektiv beobachtbare Tatsachen beschreiben. Mit der Endung んです können Sie einem Satz Nachdruck verleihen, nämlich dass Sie gerne nähere Erklärungen zu der Situation geben möchten, die sowohl für Sie und für Ihren Gesprächspartner bekannt ist. Mit der Erklärung möchte man das Mitgefühl des Gesprächspartners gewinnen.

でんしゃが　きませんでした。 → Tatsachenbeschreibung
Der Zug ist nicht gekommen.

でんしゃが　こなかったんです。 → Erklärung mit Nachdruck
Der Zug ist nämlich nicht gekommen
(deswegen bin ich zu spät, verstehen Sie?)

4.1 Formenbildung

Sowohl im Präsens als auch in der Vergangenheit wird ～んです an die Kurzform von Verben und Adjektiven gefügt. Das Gleiche gilt auch für Na-Adjektive und Nomina im Perfekt. Beachten Sie folgende Besonderheit: Im positiven Präsens haben Na-Adjektive und Nomina statt der Endung だ die adnominale Endung な vor んです: なんです.

	Präsens positiv	Präsens negativ	Perfekt positiv	Perfekt negativ
Verb	いくんです	いかないんです	いったんです	いかなかったんです
I-Adj.	たかいんです	たかくないんです	たかかったんです	たかくなかったんです
Na-Adj.	すきなんです	すきじゃないんです	すきだったんです	すきじゃなかったんです
Nomen	あめなんです	あめじゃないんです	あめだったんです	あめじゃなかったんです

4.2 Fragesatz mit んです

Eine Frage wird mit んですか gestellt, wenn der Sprecher nachdrücklich den Grund, die Ursache oder die nähere Erklärung für etwas haben möchte, das er gesehen oder gehört hat. Beachten Sie: Oft kann man diese japanische Formulierung nicht ins Deutsche übertragen, da es im Deutschen keine vergleichbare Form gibt.

1. nachdrückliche Frage zur Bestätigung einer Vermutung
   この おべんとう、 おいしそうですね。しょうへいさんが つくったんですか。
   Die Lunchbox sieht lecker aus. Hast du sie denn/wirklich selber gemacht, Shohei?

2. nachdrückliche Frage zu einer zusätzlichen Information
   すてきなコートですね。どこで かったんですか。
   Der Mantel ist schick. Wo haben Sie ihn eigentlich gekauft?

3. nachdrückliche Frage nach einem Grund oder einer Ursache
   どうして こなかったんですか。 *Warum sind Sie denn nicht gekommen?*

4. nachdrückliche Frage zur Erklärung für eine Situation oder Zustand.
   どうしたんですか？ *Was ist denn los?*

4.3 Aussagesatz mit んです

Wenn der Sprecher nachdrücklich Ursachen, Gründe oder Argumente zu einer Situation näher erklären möchten, wird die Endung んです verwendet. Beachten Sie: Auch hier kann man oft diese japanische Formulierung nicht ins Deutsche übertragen, da es im Deutschen keine vergleichbare Form gibt.

1. Wenn Sie die in 4.2 genannten Fragen 3. und 4. beantworten, verwenden Sie んです.

A: どうして こなかったんですか。
B: でんしゃが こなかったんです。
A: Warum sind Sie eigentlich nicht gekommen?
B: Der Zug ist nicht gekommen.

A: どうしたんですか。
B: あたまが いたいんです。
A: Was ist denn los?
B: Ich habe Kopfschmerzen.

2. Wenn Sie zusätzliche Information zu etwas geben möchten, das eben vom Gesprächspartner gesagt worden ist, dann verwenden Sie んです。

A: すてきな かばんですね。
B: ええ、ははのなんです。
A: Ihre Tasche ist sehr schön.
B: Ja, das ist die meiner Mutter.

3. Nachdrückliche Gefühlsäußerung wie Freude, Trauer u.s.w. werden auch mit んです wiedergegeben.

あなたが すきなんです。
Ich liebe dich wirklich.

きのうから なにも たべていないんです。
Ich habe seit gestern wirklich nichts gegessen.

4.4 ～んですが、～

Bevor man eine Bitte oder Aufforderung äußert, erklärt man oft den Hintergrund oder die Situation mit んですが. Der Ausdruck zeigt einerseits die Zurückhaltung des Sprechers, gleichzeitig aber auch, dass er eine Reaktion des Gesprächspartners erwartet. Wenn die Bitte oder Aufforderung vom Kontext her gut zu erschließen ist, wird der zweite Satzteil ausgelassen.

1. えいがにいくんですが、いっしょに いきませんか。
Ich gehe ins Kino. Möchten Sie vielleicht mitkommen?

2. ちょっと うるさいんですが… （しずかに してください）
Es ist doch ein bisschen laut … *(Seien Sie bitte leiser.)*

～んです wird sehr viel in der gesprochenen alltäglichen Sprache verwendet und ist für eine natürliche Kommunikation nötig. Es ist jedoch für Nicht-Muttersprachler oft schwer, den Gebrauch von んです aktiv zu beherrschen. Daher sollten Sie sich die in diesem Buch vorgestellten Situationen gut merken und den Ausdruck zumindest passiv verstehen.

4.5 んです im informellen Sprachstil

んです ändert ihre Form im informellen Sprachstil wie folgt:

1. どうしたんですか。 → どうしたの？
   Was ist denn los?
2. これ、やすかったんです。 → これ、やすかったの。 (Frauensprache)
   Das war aber billig. これ、やすかったんだ。

4.6 んです in der geschriebenen Sprache

In der geschriebenen Sprache wird die ursprüngliche längere Form のです verwendet.

日本人なのです。 (Essay oder Roman usw.)
Ich bin nämlich Japaner.

Viele Textsorten werden im Japanischen im informellen Sprachstil geschrieben:

日本人なのだ。
日本人なのである。 (Variante: Häufig im Sachtext zu sehen)

§ 5 DAS KONDITIONAL

Es gibt mehrere Möglichkeiten, um zwei Sätze mit einer Bedingung zu verknüpfen.

Der 1. Satzteil enhält die Bedingung + ば / + と / + なら / + たら Der 2. Satzteil enthält die Folge

あめが ふれば、ジョギングを しない。	*Wenn es regnet, jogge ich / joggt man nicht.*
あめが ふると、 みちが ぬかるみに なる。	*Wenn es regnet, wird die Straße schlammig.*
あめが ふるなら、私は ジョギングを しない。	*Wenn es regnet, jogge ich jedenfalls nicht.*
あめが ふったら、ジョギングを やめましょう。	*Wenn es regnet, wollen wir mit dem Joggen aufhören.*

4 GRAMMATIK

Nach dieser Übersicht werden nun die Bildung und die Unterschiede zwischen den einzelnen Formen erklärt.

5.1 Der Gebrauch von ば

Der Konditionalsatz mit **-ba** drückt eine logische oder allgemeine Regelfolge aus. Wenn die Bedingung, also der erste Satzteil, im Fokus stehen soll, verwendet man eher -ba als -tara. Weiterhin kann man mit **-ba** auch irreale Bedingungen formulieren.
Die Konditionalform mit **-ba** wird wie folgt gebildet.

Verb	-u → -eba	いく → いけば	*wenn ich gehe*
I-Adj.*	～い → -ければ	たかい → たかければ	*wenn es teuer ist*
Na-Adj.	な → なら（ば）	げんきな → げんきなら（ば）	*wenn er gesund ist*
Nomen	だ → なら（ば）	びょうきだ → びょうきならば	*wenn er krank ist*

(*Ausnahme: いい → よければ *gut*)

Der zweite Satzteil in einem Satz mit **-ba** beinhaltet normalerweise nicht einen Ausdruck des Willens, eine Hoffnung, einen Befehl oder die Bitte des Sprechers.

八時はつの でんしゃに のれば、 だいがくに 九時に つきます。	*Wenn ich/man den Zug, der um 8 Uhr abfährt, nehme/nimmt,* *komme ich/kommt man um 9 Uhr an der Uni an.*

5.2 Der Gebrauch von と

Für chronologische Geschehen, reale allgemeine Bedingungen, und auch für sich wiederholende Geschehen benutzt man と.

Verb	-(u)/-る	+ と	いくと	*wenn ich gehe*
I-Adjektiv	～い	+ と	ふるいと	*wenn es alt ist*
Na-Adjektiv	だ	+ と	げんきだと	*wenn er gesund ist*
Nomen	だ	+ と	せんせいだと	*wenn er Lehrer ist*

はるに なると、はなが さく。	*Wenn es Frühling wird, blühen die Blumen.*
私は おさけを のむと、いつも ねむくなる。	*Wenn ich Alkohol trinke, werde ich immer müde.*

5.3 Der Gebrauch von なら

Mit der Form -nara hat der Sprecher bezüglich der Bedingung keine Verantwortung oder keinen Einfluss, kann aber über die Folge bestimmen. Außerdem hat -nara auch die Funktion, hypothetische Voraussetzungen zu formulieren, also „unter der Voraussetzung / falls …"

Verb	-(u)/-る	+ なら	いくなら	*wenn ich gehe*
I-Adjektiv	～い	+ なら	ふるいなら	*wenn es alt ist*
Na-Adjektiv		+ なら	げんきなら	*wenn er gesund ist*
Nomen		+ なら	せんせいなら	*wenn er Lehrer ist*

あなたが 行く なら 、私も行く。 — *Wenn/Falls du gehst/gehen solltest, gehe ich auch.*

あなたの つごうが わるいなら 、このよていを ちゅうししましょう。 — *Wenn/Falls Ihnen die Umstände nicht passen, führen wir den Plan nicht aus.*

5.4 Der Gebrauch von -たら

Der Konditionalsatz mit **-tara** drückt ebenfalls eine logische oder allgemeine Regelfolge aus. Der Konditionalsatz kann dabei auch eine Tatsache beschreiben, die schon geschehen ist. Tatsachen, die schon geschehen sind, werden nicht mit **-ba** beschrieben, sondern mit **-tara**. Mit **-tara** wird im ersten Satzteil ein abgeschlossenes Ereignis markiert. Dieses ist die Voraussetzung oder der Zeitpunkt für die Folge im zweiten Satzteil. Auch können mit -tara hypothetische Bedingungen ausgedrückt werden. Im Folgesatz kann man den Willen des Sprechers beliebig ausdrücken.

4

GRAMMATIK

Verb	Ta-Form	+ ら	いったら	*wenn ich gehe*
I-Adjektiv	～かった	+ ら	ふるかったら	*wenn es alt ist*
Na-Adjektiv	だった	+ ら	げんきだったら	*wenn er gesund ist*
Nomen	だった	+ ら	せんせいだったら	*wenn er Lehrer ist*

Mit -**tara** werden keine Wiederholungen oder Gewohnheiten ausgedrückt, sondern eher individuelle Einzelfälle beschrieben.
Steht im zweiten Satzteil eine Vergangenheitsform, wird aus dem Konditionalsatz ein Temporalsatz, der im Deutschen mit „als" wiedergegeben wird.

おしたら 、ドアが あいた。 — *Als ich drückte, ging die Tür auf.*

くうこうに ついたら 、おでんわを ください。むかえに いきます。 — *Wenn Sie am Flughafen ankommen, dann rufen Sie mich bitte an. Ich hole Sie ab.*

In den meisten Situationen können Sie **-tara** für einen Konditionalsatz verwenden. Was Sie sich allerdings merken müssen ist, dass **-tara** keine Voraussetzung ausdrücken kann (diese Funktion von -nara kann -tara nicht ersetzen).

§ 6 Geben und bekommen

6.1 あげる、くれる、もらう

Die Verben あげる und くれる bedeuten beide *geben*. Der Empfänger wird bei beiden Verben mit der Dativpartikel に gekennzeichnet. あげる kann aber nicht verwendet werden, wenn der Sprecher der Empfänger ist. In dem Fall wird くれる verwendet.

1. 私は　フレヤさんに　プレゼントを　あげました。
   Ich habe Freya ein Geschenk gegeben.

2. フレヤさんは　私に　プレゼントを　くれました。
   ~~フレヤさんは　私に　プレゼントを　あげました。~~
   Freya hat mir ein Geschenk gegeben.

Wenn der Empfänger eine Person ist, die der gleichen Gruppe (z.B. Familie oder Firma) wie der Sprecher angehört, und der Geber eine Person einer anderen Gruppe ist, wird ebenfalls das Verb くれる als *geben* verwendet.

3. しょうへいさんは　私のははに　プレゼントを　くれました。
   Shohei hat meiner Mutter ein Geschenk gegeben.

Mit dem Verb もらう wird die Handlung aus der Empfängersperspektive beschrieben. In diesem Fall wird der Geber mit に markiert.

4. a. しょうへいさんは　フレヤさんに　プレゼントを　あげました。
   Shohei hat Freya ein Geschenk gegeben.
   b. フレヤさんは　しょうへいさんに　プレゼントを　もらいました。
   Freya hat ein Geschenk von Shohei bekommen.

Mit もらう liegt die Sprecherperspektive beim Empfänger. Daher kann bei もらう nicht 私 der Geber sein, da die Sprecherperspektive normalerweise 私 entspricht.

~~フレヤさんは　私に　プレゼントを　もらいました。~~

4
GRAMMATIK

6.2 あげる、くれる、もらう als Hilfsverben

Die Verben des Gebens und Bekommens können auch als Hilfsverb an andere Vollverben angeschlossen werden. Dabei beschreiben die Hilfsverben das Geben und Bekommen von Tätigkeiten zwischen Personen und implizieren dabei Dank und Wohlwollen. Das Vollverb stellt die Tätigkeit und steht in der te-Form.
Außerdem wird durch diese Hilfsverben deutlich beschrieben, in welche Richtung eine Handlung geht. Da im Japanischen Subjekte eines Satzes oft weggelassen werden, werden diese Hilfsverben ziemlich häufig verwendet.

6.2.1 ～てあげる „für jemanden etwas tun"

Tut man etwas zu Gunsten einer anderen Person, wird diese Handlung mit ～てあげる ausgedrückt. Die begünstige Person wird mit に markiert, solange sie nicht das direkte Objekt des Vollverbs ist. Ist die begünstigte Person gleichzeitig das direkte Objekt, wird sie mit を markiert.

1. しょうへいさんは　フレヤさんに　本を　かしてあげます。
   Shohei leiht Freya ein Buch aus (aus seinem Wohlwollen).

2. しょうへいさんは　フレヤさんを　うちに　おくってあげます。
   Shohei bringt Freya nach Hause (aus seinem Wohlwollen).

Wenn der Sprecher der Handelnde ist, klingt der Ausdruck eventuell gönnerhaft. Daher soll man den Ausdruck mit てあげる nicht gegenüber ranghöheren oder unbekannten Personen verwenden.

3. 私が　~~にもつを　もってあげます。~~ → 私が　にもつを　もちます。
   Ich trage für Sie das Gepäck. (für Unbekannte od. Ranghöhere) → *Ich trage Ihr Gepäck.* (für Unbekannte od. Ranghöhere)

6.2.2 ～てくれる „jemand tut für mich bzw. für meine Leute etwas"

Wenn jemand zu Gunsten des Sprechers oder der Innengruppe des Sprechers etwas tut, wird てくれる an das Handlungsverb angeschlossen. Der Empfänger der Handlung wird mit に gekennzeichnet, jedoch wird oft 私に weggelassen, da durch くれる die Richtung der Handlung schon eindeutig ist. Dieser Ausdruck impliziert ein Gefühl der Dankbarkeit oder Freude gegenüber der Tat des Handelnden.

しょうへいさんは　（私に）　本を　かしてくれます。
Shohei leiht mir freundlicherweise ein Buch.

4

GRAMMATIK

6.2.3 ～てもらう „von jemandem etwas gemacht bekommen"

Der Ausdruck zeigt ebenfalls Dank oder Freude des Handlungsempfängers, der eine Aktion netterweise von einer anderen Person gemacht bekommt. Der Handlungsgeber wird mit der Partikel に markiert. Die Aussage wird von der Empfängersperspektive beschrieben. 私 darf daher nicht als Geber im てもらう-Satz erscheinen.

私は　しょうへいさんに　本を　かしてもらいました。
Ich habe von Shohei netterweise ein Buch geliehen bekommen.

~~しょうへいさんは　私に　本を　かしてもらいました。~~
**Shohei hat netterweise von mir ein Buch geliehen bekommen.*

Mit てもらう kann man einen etwas höflicheren Eindruck als mit てくれる erzeugen, da bei dieser Konstruktion der Handelnde nicht direkt im Fokus steht.

6.2.4 ～てもらう als indirektes Kausativ

Eine besondere Funktion von てもらう ist die indirekte zurückhaltende Kausativfunktion. Beim Kausativ geht es darum, dass eine Person eine andere Person veranlasst (also sie zwingt oder ihr erlaubt), eine Handlung durchzuführen. Bei ～てもらう bekommt eine Person eine Handlung von einer anderen Person netterweise gemacht, ggf. auf eine Bitte oder Aufforderung hin.

a) ちちに　えきまで　くるまで　<u>おくらせた。</u> (Kausativ)
Ich ließ meinen Vater mich zum Bahnhof fahren.

b) ちちに　えきまで　くるまで　<u>おくってもらった。</u>
Ich wurde netterweise von meinem Vater zum Bahnhof gefahren.
(Ich habe ihn darum gebeten und bin dafür dankbar)

Satz b) oben kann auch ohne Bitte oder Aufforderung verwendet werden.

Gegenüber dem Ranghöheren gilt das Kausativ als Beleidigung. Der Gebrauch des Kausativs stellt den Auftraggeber über die andere Person. Daher wird てもらう als Ersatz für das Kausativ verwendet, wenn der Vorgang von unten nach oben oder zwischen zwei sozial gleichgestellten Personen geht.

6.2.5 Aufforderung mit ～てもらえませんか・～てくれませんか

Wenn Sie von jemandem eine Handlung gemacht bekommen möchten und dafür auch Ihre Dankbarkeit ausdrücken möchten, können Sie die Aufforderung mit ～てもらえませんか (もらう in der potentialen Form + ませんか) oder ～くれませんか formulieren. In dieser Form können Sie eine Aufforderung höflicher als mit ～てください ausdrücken.

Könnten Sie mir netterweise helfen?"

a) ちょっと　てつだって　もらえませんか。
b) ちょっと　てつだって　くれませんか。

～てもらえませんか hat einen höheren Höflichkeitsgrad als ～てくれませんか.

§ 7 DAS PASSIV

Die Passivform wird verwendet, wenn weniger der Handelnde im Vordergrund steht, sondern mehr die Tat oder das Objekt. Sie wird aus der Grundform gebildet.

Gruppe-I (u-Verben)	**-u wegnehmen und -areru anfügen**				
	きく	hören	→	きかれる	gehört werden
	よぶ	herbeirufen	→	よばれる	gerufen werden
				(als ru-Verb flektieren)	
Gruppe-II (ru-Verben)	**-ru wegnehmen und -rareru anfügen**				
	ほめる	loben	→	ほめられる	gelobt werden
	みる	sehen	→	みられる	gesehen werden
				(als ru-Verb flektieren)	
unregelmäßig	くる	kommen	→	こられる	
	する	machen	→	される	gemacht werden
				(als ru-Verb flektieren)	

Für die Vergangenheitsform wird statt -ru ein -ta bzw. -mashita angehängt.
Im Japanischen kann man auf zwei verschiedene Arten die Passivform bilden.

1. Das Objekt im Aktivsatz wird zum Subjekt des Passivsatzes.
2. Die passive Person im Aktivsatz wird das Subjekt des Passivsatzes, wenn es um Besitz oder einen Teil des Körpers geht.

Der Handelnde wird bei beiden Passivformen mit der Partikel に markiert.

Aktiv
せんせいが せいとを ほめる。 — *Der Lehrer lobt den Schüler.*

Passiv 1
せいとが せんせいに ほめら れる。 — *Der Schüler wird vom Lehrer gelobt.*

Aktiv
どろぼうが、かばんを ぬすんだ。 — *Der Dieb stahl die Tasche.*

Passiv 1
かばんが、どろぼうに ぬすまれた。 — *Die Tasche wurde vom Dieb gestohlen.*

oder Passiv 2
私は、どろぼうに かばんを ぬすまれた。 — *Mir wurde vom Dieb die Tasche gestohlen.*

Aktiv
おとこが、たなかさんの あしを ふんだ。 — *Ein Mann trat auf Frau Tanakas Fuß.*

Passiv 1
たなかさんの あしが おとこに ふまれた。 — *Frau Tanakas Fuß wurde von einem Mann getreten.*

oder Passiv 2
たなかさんは、おとこに あし を ふまれた。 — *Frau Tanaka wurde von einem Mann auf den Fuß getreten.*

Im Japanischen klingt der jeweils untere Satz (Passiv 2) etwas natürlicher und zeigt die Funktion des Leidenspassivs, also dass die betroffene Person unter der Handlung leidet oder sich belästigt fühlt.

Beim Leidenspassiv (meewaku no ukemi) wird das Objekt des aktiven Satz (mit o markiert) zum Subjekt des Passivsatzes, wenn es ein Lebewesen ist und unter der Handlung leidet bzw. die Handlung ihm unangenehm ist. Der Handelnde wird wieder mit に markiert.

Aktiv:

お母さんは子供をしかった。 *Die Mutter hat ihr Kind beschimpft.*

Passiv

子供はお母さんにしかられた。 *Das Kind wurde von seiner Mutter beschimpft.*

Ist das Objekt des Aktivsatzes ein unbelebter Gegenstand oder gibt es im Aktivsatz kein Objekt mit o, wird das Lebewesen, das unter der Handlung leidet, im Passivsatz als Subjekt hinzugefügt.

Aktiv

あめが ふった。 *Es hat geregnet.*

Passiv

私は、あめに ふられ た。 *Ich wurde vom Regen erwischt.*
(wörtlich: Ich wurde vom Regen „befallen".)

Aktiv

ともだちが きた。 *Ein Freund ist gekommen.*

Passiv

へやが めちゃくちゃだったとき ともだちに こ られた。

Ein Freund ist gekommen, als mein Zimmer ganz durcheinander war (und darunter „leide" ich).

Neutrales Passiv wird oft in den Nachrichten und in allgemeinen Aussagen verwendet. In diesem Fall spricht man vom seelenlosen Passiv: Das Geschehene steht im Zentrum der Aussage, es geht weniger darum, wer etwas macht oder getan hat. Diese Funktion ist dem deutschen Passiv ähnlich.
Bei historischem Geschehen kann der Handelnde im Passivsatz mit -ni yotte statt mit ni markiert werden.

この チョコレートは、 よく うられている。 *Diese Schokolade wird oft verkauft.*

ならの ほうりゅうじは、しょうとくたいしに よって 607年に たてられた。

Der Hōryūji-Tempel in Nara wurde durch Shōtoku Taishi im Jahr 607 gebaut.

8 Wunsch des Sprechers

8.1 Tai-Form (Wunschform)

Für das Hilfsverb zum Ausdruck eines Wunsches („man möchte etwas tun") gibt es im Japanischen die Suffixe たい -tai (bei Wunsch des Sprechers) bzw. たがる -tagaru (bei Wunsch einer dritten Person).

Die Bildung der tai-Form: Verb-Masuform-Stamm + たい (wie i-Adj. flektieren)

Grundform	masu-Form	Wunschform	
のむ	のみます	のみたい	*ich möchte trinken*
いく	いきます	いきたい	*ich möchte gehen*
する	します	したい	*ich möchte machen*

ねむいから、コーヒーを のみたい。 *Weil ich müde bin, möchte ich Kaffee trinken.*

Oft benutzt man statt der Akkusativpartikel を die Partikel が ga, um das Objekt zu betonen.

4

コーヒーが のみたい。 *Kaffee möchte ich trinken.*

Einen Satz, der mit der tai-Form endet, benutzt der Sprecher nur, um einen eigenen Wunsch zu äußern. たい ist hierbei die informelle Form, die formelle Form wird mit たいです gebildet.

たい ist ein sehr starker emotionaler Ausdruck. Da man bei einer Aussage über eine dritte Person nicht weiß, was diese Person wirklich fühlt, versucht man, den Wunsch etwas objektiver und indirekter auszudrücken, z.B. mit たがる: **Verb-Masuform-Stamm** + たがる, hierbei besonders für einen gegenwärtigen Zustand einer dritten Person:

Verb-Masuform-Stamm + たがっている

なかのさんは、コーヒー を のみたがっています。 *Frau Nakano möchte Kaffee trinken. (impliziert, dass es den Anschein hat)*

Es gibt noch weitere Möglichkeiten, um einen Wunsch für eine dritte Person zu äußern, z.B.:

1. Indirekte Rede
   Verb-Masuform-Stamm + たいといっている *Die Person sagt, dass sie … tun möchte.*
2. Vermutung/Anschein
   Verb-Masuform-Stamm + たいらしい *Es scheint, dass … möchte.*
3. Hörensagen
   Verb-Masuform-Stamm + たいそうだ *Ich habe gehört, dass diese Person … tun möchte.*

Im Deutschen ist es normal zu fragen „Möchten Sie etwas trinken?" Da たい aber ein sehr starker Ausdruck ist, verwendet man dieser Form normalerweise nicht, wenn man einem Gast etwas anbietet.

Richtig:
Man fragt: *Möchten Sie Kaffee trinken?*
コーヒーをのみますか。 *(Trinken Sie einen Kaffee?)*
oder: コーヒーはいかがですか。 *(Wie wäre es mit Kaffee?)*

Falsch:
Eine direkte Übersetzung des deutschen Satzes
Möchten Sie einen Kaffee trinken?
コーヒーがのみたいですか.

klingt für Gäste und höherstehende Personen zu direkt und dadurch unhöflich.
Es klingt etwa wie:
Wollen Sie unbedingt Kaffee trinken?

Gegenüber nahestehenden Menschen kann man die tai-Form jedoch benutzen (z. B. eine Mutter gegenüber einem Kind oder unter Freunden).

8.2 ほしい (mir etwas wünschen)

Mit dem Adjektiv ほしい können Sie Ihre Wünsche nach Dingen äußern. Dabei wird das gewünschte Objekt mit der Partikel が markiert. ほしい flektiert wie die I-Adjektive.

私は　くるまが　ほしいです。 *Ich wünsche mir ein Auto.*

Wie die Tai-Form kann ほしい den Wunsch dritter Personen nicht beschreiben. Statt ほしい wird ほしがっている (Verb) verwendet. Das gewünschte Objekt steht in diesem Fall mit を.

しょうへいさんは　くるまを　ほしがっています。
Shohei wünscht sich ein Auto.

Auch hier gibt es weitere Möglichkeiten, den Wunsch dritter Personen zu beschreiben:

1. Indirekte Rede
   …がほしいといっている — *Die Person sagt, dass sie sich … wünscht.*
2. Vermutung/Anschein
   …がほしいらしい — *Es scheint, dass sie sich… wünscht.*
3. Hörensagen
   …がほしいそうだ — *Ich habe gehört, dass sie sich … wünscht.*

8.3 ～てほしい (ich möchte, dass jemand etwas tut)

Mit der te-Form vor ほしい wird eine Handlung beschrieben, die der Sprecher sich von jemandem wünscht. Dabei wird die Person, die die Handlung durchführen soll, mit der Partikel に markiert. Die jeweiligen Partikeln des Verbs bleiben erhalten.

> 私は　こどもに　やさいを　たべてほしいです。
> Ich möchte, dass mein Kind Gemüse isst.

Für die dritte Person gilt die gleiche Regelung wie für ほしい.

§ 9 Der Komparativ und der Superlativ

Der Komparativ vergleicht zwei Gegenstände oder Personen, während der Superlativ unter vielen vergleicht und bewertet.

Der Komparativ	**Der Superlativ**
より + Adjektiv	いちばん + Adjektiv

groß	**Größer als …**	**der Größte**
おおきい	… より　おおきい	いちばんおおきい

9.1 Der Komparativ

Es gibt im Japanischen wie im Deutschen mehrere Möglichkeiten, einen Vergleich auszudrücken. Während die erste Aussage neutral ist, wird in der zweiten und dritten Aussage das Ergebnis des Vergleichs betont.

A B

AはBより　おおきい。	*A ist größer als B.*
AのほうがBよりおおきい。	*A ist im Vergleich zu B größer.*
BよりAのほうがおおきい。	*Im Vergleich zu B ist A größer.*

Das Wort hō bedeutet Richtung und ist ein Formalnomen. Es steht hier zur Betonung von A.

(AとBと) どちら*(の ほう)が おおきいですか。	*Welches von A und B ist größer?*
Aのほうが (Bより) おおき いです。	*A ist größer als B.*

* dochira ist ein Fragepronomen und heißt „welches von beiden"

9.2 Der Superlativ

Der Superlativ wird mit dem Wort いちばん gebildet, das *Nummer eins* bedeutet.

A B C D E F

(AとBと…Fで) Aがいちばん おおきい。
(Unter A und B und… F (ist)) A am größten.

AとBと‥Fで どれ*が 一ばん おおきいですか。	*Welches von A und B und … F ist am größten?*
Aが 一ばん おおきいです。	*A ist am größten.*

* どれ bedeutet „welches von allen"

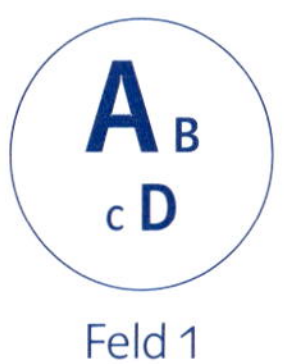

Feld 1

Feld 1 (のなか) でAがいちばんおおきい。
In Feld 1 ist A am größten.

とうきょうの なかで どの ビルが 一ばん たかいですか。	*Welches Hochhaus in Tokyo ist am höchsten?*
Xビルが　一ばんたかいで す。	*Das Hochhaus X ist am höchsten.*

4 GRAMMATIK

10 Der Potentialis (können)

Das deutsche *können* im Sinne von einer Fähigkeit wird mit dem Verb できる *können* oder der **Potentialform**, einer Verwendung, die eine Fähigkeit beschreibt, ausgedrückt.

Beispiel: *Er fliegt nach Japan.* → *Er kann nach Japan fliegen.*

Grundsatz: かれは、日本にいく。
Möglichkeit 1: かれは、日本にいくことができる。
Möglichkeit 2: かれは、日本にいける。

10.1 Mit dem Verb できる (können)

Mit dem Verb できる gibt es folgende Formen:

1. Verb (Kurzform) + koto ga dekiru
2. Nomen + ga dekiru

たなかさんは、ドイツごを はなすことが できる。 *Frau Tanaka kann Deutsch sprechen.*
たなかさんは、ドイツごが できる。 *Frau Tanaka kann Deutsch.*

10.2 Potentialform

Die Potentialform drückt entweder die Fähigkeiten einer Person oder eine Situation, bei der etwas machbar ist, aus. Sie wird folgendermaßen gebildet:

	Grundform	Potentialform	
Gruppe I (u-Verben)	kiku	kikeru	*hören können*
	nomu	nomeru	*trinken können*
Gruppe II (ru-Verben)	taberu	taberareru	*essen können*
	okiru	okirareru	*aufstehen können*
unregelmäßig	kuru	korareru	*kommen können*
	suru	dekiru	*machen können*

たなかさんは、ドイツごが はなせる。 *Frau Tanaka kann Deutsch sprechen.*

Die Kasuspartikel を o (Akkusativ) wird zu が ga. Die anderen Partikeln ändern sich nicht!

Grundsatz: たなかさんは、えいごを はなす。 *Herr Tanaka spricht Englisch.*
Potentialsatz: たなかさんは、えいごが はなせる。 *Herr Tanaka kann Englisch sprechen.*

10.3. らぬきことば Wörter ohne ra

Umgangssprachlich wird oft bei der von den ru-Verben abgeleiteten Potentialform und von dem unregelmäßigen Verb korareru ra weggelassen. Da die Potentialform und die Form für das Passiv (in der Funktion Passiv und Ehrerbietigkeit) bei dieser Verbklasse identisch sind, wird durch den Wegfall von ra ein Unterschied hergestellt.
(umgangssprachlich)

Statt みられる mirareru — みれる mireru (Potentialform)

Statt こられる korareru — これる koreru (Potentialform)

10.4 Potentialis oder Passiv?

Man kann bei den ru-Verben nur aus dem Kontext oder ggf. an den Partikeln erkennen, ob der Satz Passiv oder Potentialis bedeutet.
taberu *essen*

Potentialis	りょうが おおかったが、ぜんぶ たべられた。	*Die Menge war viel, aber ich konnte alles essen.*
Passiv	おとうとに おやつを たべられた。	*Mein Imbiss wurde von meinem jüngeren Bruder weggegessen. (Schade!)*

§ 11 Intentionalform (im informellen Stil)

Diese Form drückt, wenn der Sprecher zu sich selbst spricht, seinen Willen bzw. seine Absicht aus. Spricht der Sprecher zu anderen Personen, bedeutet diese Form eine Aufforderung.

たべよう
tabeyō

alleine gesagt: *Ich werde essen. Ich will essen.*
zu anderen gesagt: *Lasst uns essen!*

Grundform → Willensform

Gruppe I (u-Verb)	**-u** wegnehmen und **-ō** anfügen はなす → はなそう
Gruppe II (ru-Verb)	**-ru** wegnehmen und **-yō** anhängen いる → いよう たべる→たべよう
unregelmäßig	する → しよう くる→こよう

4 GRAMMATIK

§ 12 Das Kausativ

Das Kausativ drückt eine Veranlassung aus, d.h., dass jemand gezwungen wird, etwas zu tun.

Grundform → Kausativform

Gruppe I (u-Verben)	**-u** wegnehmen und **-aseru** anfügen かく *schreiben* → かかせる *schreiben lassen* まつ *warten* → またせる *warten lassen* Falls vor **u** ein Vokal steht, wird **-waseru** angehängt. かう *kaufen* → かわせる *kaufen lassen* ならう *lernen* → ならわせる *lernen lassen*
Gruppe II (ru-Verben)	**-ru** wegnehmen und **-saseru** anfügen たべる *essen* → たべさせる *essen lassen*
unregelmäßig	くる *kommen* → こさせる *kommen lassen* する *machen* → させる *machen lassen*

Wenn es im Aktiv-Satz ein Subjekt mit が oder は und ein Objekt mit Akkusativ を gibt, wird der Veranlasste (= das Subjekt / der Nominativ が oder は aus dem Aktiv-Satz) im Kausativ-Satz mit に markiert. Das Objekt mit dem Akkusativ を bleibt auch im Kausativ-Satz erhalten (wie auch die Partikeln aller anderen Wörter). Der Veranlasser kommt im Kausativ-Satz hinzu und wird mit が bzw. は markiert.

Grundsatz	Kausativsatz
せいとが さくぶんを かく。	せんせいが せいとに さくぶんを かかせる。
Schüler schreiben einen Aufsatz.	*Der Lehrer lässt die Schüler einen Aufsatz schreiben.*

Gibt es im Aktiv-Satz kein Akkusativ-Objekt, wird der Veranlasste (= das Subjekt / der Nominativ が oder は aus dem Aktiv-Satz) im Kausativ-Satz mit dem Akkusativ を markiert. Der Veranlasser kommt im Kausativ-Satz hinzu und wird mit が bzw. は markiert. Die Partikeln aller anderen Wörter des Satzes bleiben unverändert.

こどもが いぬの さんぽに いく。	おかあさんが こどもを いぬの さんぽに いかせる。
Ein Kind *geht mit dem Hund spazieren.*	*Die Mutter schickt das Kind mit dem Hund spazieren.*

 13 Der Höflichkeitsausdruck (Keigo)

In der japanischen Gesellschaft ist der Höflichkeitsausdruck sehr wichtig. Durch ihn kommt die Achtung vor dem Gegenüber zum Ausdruck.
Der Höflichkeitsausdruck zeigt sich im Redestil und in der Anrede, durch Höflichkeitspräfixe und spezielle Höflichkeits- und Bescheidenheitsverben.

Redestil

Den neutralen bzw. höflichen Redestil kann man z.T. mit dem deutschen Duzen und Siezen vergleichen.
Der größte Unterschied zwischen dem deutschen und japanischen Höflichkeitsausdruck ist jedoch, dass zwischen unterschiedlichen Hierarchien selbst nach enger und langer Beziehung gegenüber Höhergestellten grundsätzlich nicht vom Sie zum Du, d.h. vom höflichen zum neutral-höflichen Stil gewechselt wird. Das Alter spielt dabei eine wichtige Rolle! Auch nach langer Bekanntschaft spricht der jüngere Gesprächspartner mit dem Älteren immer im höflichen Stil.
Wenn es vorkommt, dass der Jüngere zum Älteren im neutralen Stil spricht, bedeutet dies, dass die Beziehung zwischen beiden so nah ist, dass der Ältere diese Unhöflichkeit akzeptiert. Dies passiert aber oft nur im privaten Gesprächsbereich. Im geschäftlichen Umfeld sollte der Jüngere immer höflich sprechen.
Im Folgenden wird versucht, bezugnehmend auf das deutsche Siezen (höflich: desu-masu Stil) und Duzen (neutraler Stil), das japanische Höflichkeitssystem möglichst einfach aufzuzeigen.

Unter Gleichrangigen
Person A – Person B

Fremd oder bekannt		Nähere Beziehung
Person A zu Person B: Siezen (desu-masu Stil) Person B zu Person A: Siezen (desu-masu Stil)	→	Person A zu Person B: Duzen (neutraler Stil) Person B zu Person A: Duzen (neutraler Stil)

Bei unterschiedlichem Rang

Fremd oder bekannt		Nähere Beziehung
Person A zu Person B: Siezen (desu-masu Stil) Person B zu Person A: Siezen (desu-masu Stil)	→	Person A zu Person B: Duzen (neutraler Stil) Person B zu Person A: Siezen (desu-masu Stil)

Person A ist älter, der Chef oder ein wichtiger Kunde von Person B.

4 GRAMMATIK

Neben dem Alter spielt der Grundgedanke von **uchi** und **soto** eine wichtige Rolle bei der Wahl der passenden Höflichkeitsform. **Uchi** bedeutet wörtlich innen und meint den Umkreis, dem man angehört, z.B. die eigene Familie, die Firma, in der man arbeitet, der Sportverein usw. **Soto** (wörtlich: außen) bedeutet dementsprechend das Gegenteil, nämlich die Außenwelt, also die Gruppe, der man nicht angehört. Bevor man spricht, achtet man darauf, zu welcher Gruppe der Gesprächspartner gehört.

Dazu ein Beispiel:
Ein Angestellter spricht zu seinem Chef. Es ist eine Situation innerhalb der gleichen Gruppe, aber er spricht höflich, weil es der Vorgesetzte ist.
Dann spricht er mit dem Kunden. Der Kunde gehört zu **soto**. Der Angestellte spricht zu dem Kunden höflich, egal wie jung der Kunde ist oder welche Position er hat. Während des Gesprächs spricht der Angestellte über den eigenen Chef und benutzt dabei für den Chef nicht die höfliche Anrede, da er eine Person der eigenen Gruppe ist.

Verschiedene Höflichkeitsausdrücke

Man erreicht einen höflichen Sprachstil durch verschiedene Methoden, die miteinander kombiniert werden können:

- Verschönerung der Ausdrücke: **bikago** 美化語
- Allgemein höfliche Ausdrücke: **teineigo** 丁寧語
- Verben, mit denen man die anderen höherstellt: **sonkeigo** 尊敬語
- Verben, mit denen man sich selbst erniedrigt: **kenjōgo** 謙譲語

13.1 Verschönerung

Bikago bezieht sich auf die Verschönerung von **Nomina** und dient einem ästhetischen Sprachgefühl. **Teineigo** ist der höfliche Ausdruck von **Verben**, es sind allgemein höfliche Ausdrücke für den Zuhörer oder den Leser.

Höfliche Kopula und Verbendungen:
Mit **~desu** und **~masu** am Satzende wird der Satz wohlklingender.
bikago: Mit der Höflichkeitspräfix **o** klingen Nomina schöner.
水 → お水 *Wasser* しょくじ → おしょくじ *Mahlzeit*
teineigo: Mit speziellen Verben bekommen Sätze einen schöneren Klang.
ある → ございます *es gibt, sein, haben*
(von einem höflicheren Verb ござる gebildet)
おる → おります da sein

Höfliche Ausdrücke

Höflichkeitsform von Nomina und Adjektiven:
Für den **Besitz bzw. Gegenstände (Nomina) von Höhergestellten** (Älteren bzw. Vorgesetzten) gibt es die Höflichkeitspräfixe お- bzw. ご-

かばん	→ おかばん	*Tasche*
にもつ	→ おにもつ	*Gepäck*
かぞく	→ ごかぞく	*Familie*

Ebenso für Adjektive, die sich auf Höhergestellte beziehen:

じょうずな	→ おじょうずな	*geschickt*
しんせつな	→ ごしんせつな	*freundlich*

Höflicher Ausdruck mit Demonstrativwörtern:
Für Personen, die in irgendeiner Beziehung zum Höhergestellten stehen.

このひと	→ こちら oder このかた	*diese Person*
だれ	→ どなた	*wer*
どこ	→ どちら	*wo*

4

GRAMMATIK

13.2 Verben des Respekts – sonkeigo

Mit speziellen Verben erweist der Sprecher der Person, von der die Rede ist, seinen Respekt.

する	→	なさる	*machen, tun* (~ ni nasaru = *bestimmen*)
くる	→	いらっしゃる	*kommen, gehen, fahren, sein*
たべる	→	めしあがる	*essen, trinken*
いう	→	おっしゃる	*sagen*
みる	→	ごらんになる	*anschauen*

Beispiel irassharu: sein, kommen, gehen, fahren

1. *sein*
   やまださんは、おげんきで いらっしゃいますか。 *Herr Yamada, geht es Ihnen gut?*

2. *sein*
   やまだしゃちょうは、こちらにいらっしゃいます。 *Der Chef Yamada ist hier.*

3. *kommen*
やまださんは、いつこちらにいらっしゃいますか。 *Wann kommt Herr Yamada hierher?*

4. *gehen, fahren*
やまだしゃちょうはあしたくまもとにいらっしゃいます。
Der Chef Yamada fährt morgen nach Kumamoto.

Andere Verben können durch drei Arten zu Verben von **sonkeigo** werden:

1. **-に なる** (neutraler Stil) **-に なります** (desu-masu Stil)

お + **V (Masu-Form-Stamm)** + になる

はなす → はなします → おはなしになる　おきる → おきます → おおきになる
おしえる → おしえます → おおしえになる

コピーきを おつかいに なりますか。*Werden Sie den Kopierer benutzen?*

2. **Mit dem Passiv** -れる／-られる (neutraler Stil) -れます／-られます (desu-masu Stil)

Gruppe I (u-Verben)	Von der nai-Form **nai** wegnehmen, dann **-reru** anfügen はなす → はなさない → はなされる
Gruppe II (ru-Verben)	Von der nai-Form **nai** wegnehmen, dann **-rareru** anfügen おきる → おきない → おきられる
unregelmäßig	くる → こられる　する → される

きょうは、なにについてはなされますか。 *Worüber werden Sie sprechen?*

Das Passivverb in der Ehrerbietigkeit ist nicht ganz so hoch wie お + V (Masu-Form-Stamm) + になる oder die anderen Ehrerbietigkeitsverben.

3. **O + V (-masu) + desu** (desu-masu Form) für V+Te iru

よんでいます → およみです　おしえています → おおしえです

いまは、なんの本をおよみですか。 *Was für ein Buch lesen Sie zurzeit?*
いまおかえりですか。 *Gehen Sie jetzt nach Hause?*

13.3 Verben der Bescheidenheit – kenjōgo

Die folgenden Verben sind reine Bescheidenheitsverben, die den Sprecher erniedrigen, wodurch die Person, die die Handlung empfängt, nach oben gestellt wird.

する	→	いたす		*tun*
いう	→	もうす	申す	*sagen*
いく	→	うかがう	伺う	*kommen, gehen, fahren*
くる	→	まいる	参る	*kommen*

お + V(-masu) + する (neutraler Stil) / お + V(-masu) + します (desu-masu Stil)
Bei den Verben mit kango (sino-japanisches Wort): go + kango + suru

まちます	→	おまちする	*warten*
もちます	→	おもちする	*tragen, bringen*
あんないする	→	ごあんないする	*führen*

Ein Student sagt zu seinem Professor:

ここで おまちします。 — *Ich warte hier auf Sie.* (bescheiden + höflich)

Eine ältere Dame trägt eine schwer aussehende Tasche. Ein jüngerer Mann bietet seine Hilfe an:

おもそうですね。かばんを おもちしましょうか。 — *Die sieht aber schwer aus. Soll ich die Tasche tragen?*

14 Flexionstabelle der Verben

		Gruppe I (u-Verb)		Gruppe II (ru-Verb)		unregelmäßig	
		きく (hören)	あう (treffen)	みる (sehen)	たべる (essen)	する (machen)	くる (kommen)
Stamm		Kik-	A(w)-	Mi-	Tabe-	sa/shi/su	ki/ku/ko
Nai-Form	-a	きかない	あわない	みない	たべない	しない	こない
Passiv		きかれる	あわれる	みられる	たべられる	される	こられる
Kausativ		きかせる	あわせる	みさせる	たべさせる	させる	こさせる
Masu-Form	-i	ききます	あいます	みます	たべます	します	きます
Grundform	-u	きく	あう	みる	たべる	する	くる
Potentialform	-e	きける	あえる	みられる	たべられる	できる	こられる
Ba-Form (Konditional)		きけば	あえば	みれば	たべれば	すれば	くれば
Intentional-form	-o	きこう	あおう	みよう	たべよう	しよう	こよう

Die u-Verben werden oft auch als fünfstufige oder konsonantische Verben bezeichnet.
Die ru-Verben werden oft auch als einstufige oder vokalische Verben bezeichnet.

Wortliste Japanisch – Deutsch

あい	愛	Liebe	L5
あいさつ	挨拶	Gruß	L10
あいている	開いている	geöffnet	L4
アイロン		Bügeleisen	L10
あう	会う	sich treffen	L1
あき	秋	Herbst	L2
あける	開ける	öffnen	L6
あげる		geben	L6
あじ	味	Geschmack	L2
あした	明日	morgen	L3
あそぶ	遊ぶ	spielen, sich amüsieren	L10
あたらしい	新しい	neu	L4
あつい	熱い	heiß	L9
あつかう	扱う	sich kümmern	L8
あつまる	集まる	sammeln	L4
あてる	充てる	verwenden	L3
あと	後	nach	L4
アニメ		Anime	L8
あぶない	危ない	gefährlich	L3
アプリ		App *(EDV)*	L9
あまっている	余っている	übrig sein	L6
あまり	余り	übermäßig	L8
あめ	雨	Regen	L3
あめ	飴	Bonbon	L5
アメリカむら	アメリカ村	Amerika-mura *(Stadtteil Osaka)*	L4
アラーム		Alarm	L3
あらう	洗う	waschen	L10
アルプス		Alpen	L4
あんき	暗記	auswendig	L2
アンケート		Umfrage	L7
あんぜん	安全	Sicherheit	L3
あんてい	安定	stabil	L8
あんない	案内	Auskunft	L8
い	位	Rang	L10
いう	言う	sagen	L1
いえ	家	Haus	L3
いえさがし	家探し	Wohnungssuche	L7
いきかた	行き方	Wegbeschreibung	L5
いけ	池	Teich	L2
いけん	意見	Meinung	L2
いごこち	居心地	Gemütlichkeit	L2
いし	石	Stein	L3
いたす	致す	tun, machen	L9
いちど	一度	einmal	L4

Wortliste Japanisch – Deutsch

いちにちじゅう	一日中	den ganzen Tag	L8
いちねん	一年	ein Jahr	L10
いちばん	一番	Nr. 1, am besten *(Superlativ)*	L7
いつか		irgendwann	L5
いつか	五日	fünf Tage	L5
いっしょに	一緒に	zusammen	L1
イベント		Ereignis	L1
いま	今	jetzt	L1
いますぐ	今すぐ	sofort	L10
いや	嫌	nicht mögen; unangenehm	L7
いらっしゃる		sein *(höfl.)*	L8
いる	要る	brauchen, benötigen	L8
いれる	入れる	hineintun	L3
いろいろ	色々	viele	L1
インターネット		Internet	L3
インチ		Inch, Zoll	L9
うかがう	伺う	sich erkundigen, fragen	L9
うけいれる	受け入れる	aufnehmen	L8
うごく	動く	(sich) bewegen	L3
うた	歌	Lied, Gesang	L2
うたう	歌う	singen	L5
うまれる	生まれる	geboren werden	L1
うみ	海	Meer	L3
うりば	売り場	Verkaufsabteilung	L9
うる	売る	verkaufen	L4
うるさい	煩い	laut, störend	L7
うれしい	嬉しい	glücklich	L7
うんてんしゅ	運転手	Fahrer	L8
エアコン		Klimaanlage	L9
えいが	映画	Kino	L1
えほん	絵本	Bilderbuch	L5
えらぶ	選ぶ	wählen	L9
エレベーター		Aufzug	L3
えんじる	演じる	aufführen, darstellen	L5
おあがりください	お上がりください	Bitte kommen Sie herein	L10
おうぼ	応募	Bewerbung	L8
おおい	多い	viele	L5
おおさか	大阪	Osaka	L1
おおさかじょう	大阪城	Burg von Osaka	L4
オートロック		Sicherheitssystem *(Apartmenthaus)*	L7
オープンする		eröffnen	L1
おおや	大家	Vermieter	L4
おかいどく	お買い得	preisreduziert, günstig	L9
おかげで		dank …	L6

おかね	お金	Geld	L7
おきにいりの	お気に入りの	Lieblings …	L2
おくる	送る	verschicken	L8
おこさんたち	お子さんたち	ihre Kinder *(höfl.)*	L7
おしえる	教える	lehren, erklären	L5
おしろ	お城	Schloss	L4
おせわをする	お世話をする	Hilfe, Sorge, Unterstützung	L8
おそい	遅い	spät, langsam	L2
おちつく	落ち着く	sich beruhigen	L3
おちる	落ちる	fallen	L3
おてら	お寺	Tempel	L4
おと	音	Ton	L9
おにぎり		Onigiri	L5
おねがいします	お願いします	Bitte … *(um etwas bitten)*	L5
おばあさん		Großmutter	L2
おばさん		Tante	L2
オフィス		Büro	L3
オペラざのかいじん	オペラ座の怪人	Phantom der Oper	L5
おまたせいたしました	お待たせ致しました	Entschuldigung, dass ich Sie habe warten lassen	L9
おまちください	お待ちください	Bitte warten Sie	L8
おもう	思う	denken, glauben	L7
おもしろい	面白い	interessant	L4
おもとめやすい	お求めやすい	günstig	L9
おや	親	Eltern	L10
おりる	降りる	herabsteigen	L5
おんなのひと	女の人	Frau	L5
オンライン		online	L9
ガーデニング		Gartenarbeit	L7
～かい	～回	~ mal	L5
かい	階	Stockwerk	L3
がいこく	外国	Ausland	L1
かいちゅうでんとう	懐中電灯	Taschenlampe	L3
かいわ	会話	Gespräch	L10
かう	買う	kaufen	L2
かえる	替える	ändern	L2
かかく	価格	Preis	L6
かぎ	鍵	Schlüssel	L6
かぎり	限り	beschränkt auf	L9
かく	欠く	fehlen	L5
かぐ	家具	Möbel	L3
かくほ	確保	Sicherung	L3
かくやす	格安	preiswert	L6
かける	掛ける	tragen	L1

Wortliste Japanisch – Deutsch

かこ	過去	Vergangenheit	L2
かさ	傘	Schirm	L5
かじ	火事	Feuer	L3
かしこまりました		wie sie wünschen	L9
かす	貸す	verleihen	L8
ガス		Gas	L4
カスタマーサービス		Kundenservice	L9
カスタマーレビュー		Kundenbewertung	L9
かぜ	風	Wind	L3
かぞく	家族	Familie	L3
(1)がつ	(1)月	Monat (Januar)	L10
かっこ	括弧	Klammer	L2
がっこう	学校	Schule	L10
カップ		Tasse	L2
かてい	家庭	Haushalt	L10
カテゴリー		Kategorie	L9
かど	角	Ecke	L5
かばん	鞄	Tasche	L3
カフェ		Café	L1
かぶる	被る	aufsetzen *(Hut etc.)*	L1
かみがた	髪型	Frisur	L2
かみさま	神様	Gott	L5
がめん	画面	Bildschirm	L9
カラー		Farbe	L9
カラータブレットリーダー		Tabletcomputer, Reader	L9
カラオケ		Karaoke	L2
ガラス		Glas	L3
かるい	軽い	leicht *(Gewicht)*	L2
カレー		japanischer Curryreis	L2
かれし	彼氏	Freund, Partner	L2
かわ	川	Fluss	L3
かわりに	代わりに	stattdessen	L7
かわる	代わる	getauscht werden	L8
かんばん	看板	Hinweisschild	L2
かんきょう	環境	Umwelt, Umgebung	L7
かんこうきゃく	観光客	Tourist	L8
かんごし	看護師	Krankenpfleger	L8
かんじょうせん	環状線	Ringlinie	L5
かんそうき	乾燥器	Trockner	L9
がんばる	頑張る	sich anstrengen	L10
き	木	Baum	L4
きえる	消える	ausgehen	L3
きがえる	着替える	sich umziehen	L7
きず	傷	Verletzung, Beschädigung	L6

きっと		bestimmt	L4
きにいる	気に入る	gefallen, mögen	L7
きのう	昨日	gestern	L2
きのう	機能	Funktion	L9
きびしい	厳しい	streng	L8
きめる	決める	sich entscheiden	L9
きもち	気持ち	Gefühl	L10
きゃく	客	Kunde	L9
キャリア		Karriere	L8
きゅうじつ	休日	Ruhetag	L8
きゅうじん	求人	Personalbeschaffung	L8
きゅうりょう	給料	Lohn	L7
きょうだい	兄弟	Brüder	L5
きょうと	京都	Kyoto	L1
きょうみ	興味	Interesse	L1
きる	着る	anziehen, tragen	L1
きをつかう	気を使う	aufpassen, Rücksicht nehmen	L7
きんきゅう	緊急	dringend	L3
きんむ	勤務	Arbeit, Dienst	L8
きんむじかん	勤務時間	Geschäftszeit	L8
くち	口	Mund	L3
くちをだす	口を出す	sich einmischen	L7
グッズ		Waren	L5
くに	国	Land	L5
くびになる	首になる	entlassen werden	L8
クライアント		Kunde	L8
くらす	暮らす	leben (von)	L7
クリエイティブ		kreativ	L8
クレーム		Beschwerde	L8
くれる		geben	L6
けいざい	経済	Wirtschaft, Ökonomie	L9
けいさつ	警察	Polizei	L6
けいほう	警報	Alarm, Warnung	L3
ケーキ		Kuchen	L2
ゲーム		Spiel	L1
けが	怪我	Verletzung, Wunde	L8
げきじょう	劇場	Theater	L5
けしき	景色	Panorama	L10
けす	消す	ausmachen	L3
けんきゅうしゃ	研究者	Wissenschaftler	L8
けんさ	検査	Untersuchung	L8
けんさく	検索	Index	L9
げんぴん	現品	Ausstellungsexemplar	L9
～こ	～個	*Zählwort:* Stück	L5

Wortliste Japanisch – Deutsch

こうかん	交換	Umtausch	L9
こうこう	高校	Oberschule	L2
こうこく	広告	Werbeanzeige	L8
こうさてん	交差点	Kreuzung	L5
こうずい	洪水	Überschwemmung	L3
こうつう	交通	Verkehr	L8
こうべ	神戸	Kobe	L4
ゴールド		golden	L9
ございます		geben, haben *(höfl.)*	L9
こじんまり		klein, aber fein	L2
こちら		dieses hier	L9
こと	事	Sache	L1
ことし	今年	dieses Jahr	L2
ことば	言葉	Wort, Sprache	L2
こまかい	細かい	klein, ausführlich	L8
こまる	困る	in Schwierigkeiten sein	L6
ごみ		Müll	L10
ごらいてん	ご来店	*(Begrüßung im Geschäft)*	L9
ごらんください	ご覧ください	sehen Sie bitte *(höfl.)*	L9
こわい	怖い	Angst erregend	L3
こわれる	壊れる	kaputtgehen, zerbrechen	L3
コンサートホール		Konzerthalle	L4
こんでいる	混んでいる	voll sein	L4
コンピュータ		Computer	L6
こんやく	婚約	Verlobung	L10
サービス	サービス	Service	L2
さいがい	災害	Katastrophe	L3
サイズ		Kleidergröße	L9
サイト		Website	L8
さがす	探す	suchen	L6
〜さつ	〜冊	*Zählwort:* Bücher, Zeitschrift	L5
サッカー		Fußball	L1
さどう	茶道	Teezeremonie	L5
さびしい	寂しい	einsam	L10
さま	様	Herr, Frau *(sehr höfl.)*	L1
さら	皿	Teller, Schüssel	L10
される	曝れる	(Wetter) ausgesetzt sein	L6
ざんぎょう	残業	Überstunden	L8
さんせい	賛成	Zustimmung	L7
サンドイッチ		Sandwich	L5
し	市	Stadt	L5
じ	字	Schriftzeichen	L10
しあわせ	幸せ	glücklich	L10
ジーンズ		Jeans	L1

しか		nur	L4
しかく	資格	Qualifikation	L8
しかたがない	仕方がない	nicht zu ändern	L7
じかん	時間	Zeit, Stunde	L8
しき	式	Zeremonie	L10
じきゅう	時給	Stundenlohn	L8
しきゅう	支給	Versorgung	L8
しさん	資産	Vermögen, Eigentum	L7
じしん	地震	Erdbeben	L3
しずか	静か	ruhig	L4
しぜん	自然	Natur	L7
したしませる	親しませる	nahebringen	L5
しちょうしゃ	市庁舎	Rathaus	L5
じっか	実家	Elternhaus	L7
しっかり		fest, entschlossen	L7
じっけん	実験	Experiment	L8
しておく		vorbereiten	L3
しぬ	死ぬ	sterben	L10
しばらく	暫く	eine Weile	L3
しばる	縛る	binden, fesseln	L7
シフトせい	シフト制	Schichtsystem	L8
じぶん	自分	selbst	L3
しま	縞	Streifen	L1
しまう	仕舞う	beenden, erleiden	L4
しまる	閉まる	zugehen	L4
じむ	事務	Büroarbeit	L8
じもと	地元	lokal	L9
ジャケット		Jacke	L2
しゃしん	写真	Foto	L2
ジャンル		Genre	L2
しゅう	週	Woche	L8
じゆう	自由	frei, unabhängig	L7
しゅうしょく	就職	Finden einer Arbeitsstelle	L8
じゅうだい	１０代	Teenageralter	L7
じゅうにん	住人	Bewohner	L7
じゅうぶん	十分	ausreichend	L9
しゅうへんきき	周辺機器	Computerzubehör	L9
しゅうまつ	週末	Wochenende	L8
しゅうり	修理	Reparatur	L9
じゅうりょう	重量	Gewicht	L9
しゅふ	主婦	Hausfrau	L7
しゅみ	趣味	Hobby	L1
じゅんび	準備	Vorbereitung	L3
しよう	使用	Gebrauch, Benutzung	L6

Wortliste Japanisch – Deutsch

しよう	仕様	Spezifikation	L9
じょうえん	上演	Aufführung	L5
じょうけん	条件	Bedingung	L7
しょうしょう	少々	ein wenig	L8
しょうてんがい	商店街	Einkaufsstraße	L4
しょうひしゃ	消費者	Verbraucher	L9
しょうひん	商品	Ware	L9
しょうゆ	醤油	Sojasoße	L2
しょうらい	将来	Zukunft	L7
しょくぎょう	職業	Beruf	L8
じょし	女子	Frauen	L7
しょっき	食器	Geschirr	L6
しょっきだな	食器棚	Geschirrschrank	L6
ショック		Schock	L4
ショッピングモール		Einkaufszentrum	L9
しょどう	書道	Kalligraphie	L10
しらべる	調べる	sich erkundigen	L3
しられている	知られている	bekannt	L5
しる	知る	wissen	L5
シルバー		silber	L9
しんごう	信号	Ampel	L5
しんじゅ	真珠	Perle	L5
しんせつ	親切	freundlich	L7
しんちく	新築	Neubau	L7
しんど	震度	Erdbebenstärke	L3
シンプル		einfach	L9
スイッチ		Schalter	L3
すいはんき	炊飯器	Reiskocher	L9
スイミング		Schwimmen	L10
スーパー		Supermarkt	L7
スカート		Rock	L1
すぎる	過ぎる	übertreiben, überschreiten	L8
スキル		Fähigkeit	L8
すく	好く	mögen	L1
すくない	少ない	wenig, gering	L4
すぐに	直ぐに	sofort	L3
すこし	少し	wenig	L2
すこしだけ	少しだけ	nur ein bisschen	L2
すごす	過ごす	verbringen	L8
すすめ	勧め	Empfehlung	L2
ずっと		viel, die ganze Zeit	L10
ステージ		Bühne	L5
すてき	素敵	wunderschön	L2
ストレス		Stress	L7

スポーツカー		Sportwagen	L1
スポーツカフェ		Sportcafe	L1
スポーツサークル		Sportklub	L1
スマホ		Smartphone	L9
すむ	住む	wohnen	L1
せいひん	製品	Waren	L9
せかい	世界	Welt	L8
セキュリティ		Sicherheit, Security	L7
せたい	世帯	Haushalt, Familie	L7
せっけい	設計	Design	L8
ぜっぴん	絶品	exzellentes Werk	L2
ぜひ	是非	unbedingt	L4
せまい	狭い	eng	L7
せわ	世話	Pflege	L10
せんげつ	先月	letzter Monat	L9
せんたく	洗濯	Wäsche	L10
せんたくき	洗濯機	Waschmaschine	L9
ぜんぶ	全部	alle	L3
せんもんせい	専門性	Fachkenntnisse	L8
そうじき	掃除機	Staubsauger	L9
そくほう	速報	Eilmeldung	L3
そだてる	育てる	großziehen	L7
そなえる	備える	vorbereiten, sich ausrüsten	L3
そば	側	Nähe	L3
そふぼ	祖父母	Großeltern	L7
それほど（ない）		(nicht) so sehr	L1
だい	代	Generation	L7
たいいくかん	体育館	Turnhalle	L3
だいじ	大事	wichtig	L7
たいしたものだ	大したものだ	großartig	L2
たいせつ	大切	wichtig	L8
だいぶ	大分	ziemlich	L7
たいふう	台風	Taifun	L3
タイプチェック		Persönlichkeitstest	L7
だいぶつ	大仏	große Buddhastatue	L5
タオル		Handtuch	L3
たおれる	倒れる	umfallen	L3
たかい	高い	hoch, teuer	L2
たがいに	互いに	gegenseitig	L7
たかさ	高さ	Höhe	L3
だから		deshalb	L2
たからづか	宝塚	Takarazuka *(Stadt Präf. Hyogo)*	L5
たく	炊く	kochen	L9
たくさん	沢山	viele	L2

Wortliste Japanisch – Deutsch

だす	出す	hinausbringen	L10
たすける	助ける	helfen	L6
ただ	唯	nur, aber	L7
たたむ	畳む	falten	L5
たてる	建てる	bauen	L5
たとえば	例えば	zum Beispiel	L8
たな	棚	Regal	L6
たべもの	食べ物	Essen	L3
たべる	食べる	essen	L8
たまる	溜まる	sich ansammeln	L8
だめ	駄目	zwecklos, nein	L10
だんし	男子	Männer	L7
たんとう	担当	Zuständiger	L8
ちいき	地域	Region	L9
チェックの		kariert	L1
ちかい	近い	nah	L1
ちかくに	近くに	in der Nähe	L1
ちくねんすう	築年数	Baujahr	L7
チケット		Ticket	L5
ちず	地図	Landkarte	L3
ちゃぶだい		Klapptisch	L6
...ちゅう	...中	dabei ...	L1
ちゅうい	注意	Vorsicht	L2
ちゅうこひん	中古品	Gebrauchtware	L9
ちゅうもん	注文	Bestellung	L9
ちょうし	調子	Zustand	L9
ちょっと		ein bisschen	L2
ちんたい	賃貸	Vermietung, Mietwohnung	L7
ツアーコンダクター		Reiseleiter	L8
ついて		mit ..., ... betreffend	L7
つかいやすい	使いやすい	bedienungsfreundlich	L2
つかう	使う	benutzen	L2
つかえる	使える	zu gebrauchen sein	L8
つかれる	疲れる	ermüden	L8
つぎ	次	nächste(r)	L5
つきあう	付き合う	sich anfreunden	L10
つきあたり	突き当たり	Endpunkt	L5
つく	付く	kleben, dazugehören	L8
つくえ	机	Schreibtisch	L3
つける	点ける	anzünden, anmachen	L3
つなみ	津波	Tsunami	L3
つぶしがきく		anderweitig verwendbar *(Beruf)*	L8
つまらないものですが		eine Kleinigkeit für Sie *(besch.)*	L2
つれていく	連れて行く	jmd begleiten	L6

データ		Daten	L8
デート		Verabredung	L2
テーブル		Tisch	L3
テーマパーク		Themenpark	L4
できる	出来る	können	L2
テクノロジー		Technologie	L8
デザイン		Design	L7
てつだう	手伝う	helfen	L10
てつづき	手続き	Formalitäten	L9
てつどう	鉄道	Eisenbahn	L5
でも		aber	L4
でる	出る	hinausgehen	L3
てんいん	店員	Verkäufer	L9
でんき	電気	Strom, Elektronik	L3
てんしゅ	店主	Ladeninhaber	L2
てんしょく	転職	Arbeitsplatzwechsel	L8
でんしレンジ	電子レンジ	Mikrowelle	L9
~といいですね		Ich wünsche Ihnen ~	L7
とうさん	倒産	Insolvenz	L8
どうしたんですか		Was ist los?	L6
とうちゃく	到着	Ankunft	L9
どうやって		wie …?	L5
とおい	遠い	weit weg	L7
とかい	都会	(Groß-) Stadt	L7
とき	時	Zeit	L3
とくに	特に	besonders	L1
とくい	得意	Zufriedenheit, starke Seite	L1
とくべつ	特別	speziell	L8
ところ	所	Ort, Punkt	L3
とし	年	Jahr	L5
としをとる	年をとる	alt werden	L7
とつぜん	突然	plötzlich	L1
とどく	届く	liefern	L9
どの		welcher	L1
とほ	徒歩	zu Fuß	L7
とまる	止まる	anhalten, stoppen	L3
とまる	泊まる	bleiben	L3
とめる	泊める	übernachten lassen, unterbringen	L6
ともばたらき	共働き	Doppelverdiener	L7
トラブル		Problem	L7
とりかえる	取り替える	umtauschen	L9
とる	取る	nehmen, stehlen	L6
とれる	取れる	bekommen	L8
どろぼう	泥棒	Dieb, Räuber	L6

Wortliste Japanisch – Deutsch

とんでもない		überhaupt nicht	L2
なか	仲	persönliche Beziehung	L7
なかま	仲間	Freund	L1
なかよく	仲良く	harmonisch, vertraut	L7
なに	何	was?	L1
なみだ	涙	Tränen	L3
なら	奈良	Nara	L1
なら		falls	L9
ならう	習う	lernen	L10
なるほど	成る程	genau, ganz klar	L3
なんかいも	何回も	immer wieder	L5
なんまい	何枚	wie viele?	L5
にがて	苦手	Schwachpunkt	L1
にぎやか	賑やか	lebhaft	L4
...にくい	...難い	schwer zu ...	L2
にくたい	肉体	körperlich	L8
にげる	逃げる	fliehen	L3
にせたいじゅうたく	二世帯住宅	ZweiGenerationenHaus	L7
にゅうりょく	入力	Eingabe *(EDV)*	L8
にわ	庭	Garten	L7
にんき	人気	beliebt	L2
ぬすむ	盗む	stehlen	L6
ぬれる	濡れる	nass werden	L6
ネオン		Leuchtreklame	L4
ねだん	値段	Preis	L2
ネックレス		Halskette	L1
ネット		Internet	L9
ネットショップ		Onlineshop	L9
～ねん	～年	~ Jahre	L5
ねんだい	年代	Zeitalter, Generation	L7
ノイシュバンシュタインじょう	ノイシュバンシュタイン城	Schloss Neuschwanstein	L5
のこす	残す	übrig lassen	L7
...ので		weil	L2
ノルマ		Norm	L8
は	歯	Zahn	L1
はいけん	拝見	sehen *(besch.)*	L8
ばいてん	売店	Kiosk	L5
はいる	入る	eintreten	L1
ばか	馬鹿	dumm	L2
はく	履く	anziehen, tragen *(Hose, Schuhe)*	L1
はくぶつかん	博物館	Museum	L5
はし	橋	Brücke	L4
はし	箸	Essstäbchen	L4
ばしょ	場所	Ort, Platz	L3

はず	筈	sollte, Vermutung	L9
バス		Bus	L8
パソコン		Computer	L6
はたらく	働く	arbeiten	L1
はつめい	発明	Erfindung	L5
はながら	花柄	Blumenmuster	L1
はなし	話	Gespräch, Geschichte	L5
はなす	話す	reden	L1
はやい	速い	schnell, bald	L7
はらう	払う	bezahlen	L7
バリエーション		Variante	L9
はる	春	Frühling	L2
ハンカチ		Taschentuch	L3
はんたい	反対	Widerspruch	L7
ハンバーガ		Hamburger *(kul.)*	L2
ハンブルグ		Hamburg	L5
パンフレット		Broschüre	L5
（1）ばんめ	（1）番目	der erste	L7
...ひ	...費	Kosten (für)	L8
ひあたり （がいい：わるい）	日当たり	Sonnenlage *(nicht: sonnig)*	L7
ひかくてき	比較的	verhältnismäßig	L8
～ひき	～匹	*Zählwort:* Tiere	L5
ひくい	低い	niedrig	L3
ひじょうぐち	非常口	Notausgang	L3
びっくり		Überraschung	L10
ひっこす	引っ越す	umziehen *(Wohnort)*	L1
ひと	人	Mensch	L1
ひとで	人手	Arbeiter	L8
ひとでぶそく	人手不足	Arbeitskräftemangel	L8
ひとびと	人々	Leute	L1
ひとりぐらし	一人暮らし	allein lebend	L7
ひなん	避難	Zuflucht, Schutz	L3
ひなんじょ	避難所	Katastrophensammelstelle	L3
びよういん	美容院	Friseursalon	L2
びょうき	病気	krank	L8
びようし	美容師	Friseur	L8
ひる	昼	Mittag	L2
ビル		Gebäude	L3
ひろさ	広さ	Ausdehnung, Breite	L7
ふあん		Unsicherheit, Sorge	L7
ファン		Fan	L5
フィッシュマルクト		Fischmarkt	L5
フードコート		Food-Court	L9
ふうふ	夫婦	Ehepaar	L7

Wortliste Japanisch – Deutsch

ふえる	増える	wachsen	L3
フォロー		folgen *(Social Media)*	L1
ふきそく	不規則	unregelmäßig	L8
ふく	服	Kleidung	L2
ふさがる	塞がる	verstopfen	L4
ふとん	布団	Futon	L6
ぶぶん	部分	Teil	L8
ふべん	不便	Unbequemlichkeit, Nachteil	L7
ふぼ	父母	Vater und Mutter	L7
プライバシー		Privatsphäre	L7
フランクフルト		Frankfurt	L1
ブランデンブルクもん	ブランデンブルク門	Brandenburger Tor	L4
ブランド		Markenartikel	L9
フリーマーケット		Flohmarkt	L9
ふるい	古い	alt	L4
ブレーカー		Sicherung *(elektr.)*	L3
ふれる	触れる	berühren	L10
プログラミング		Programmieren	L10
プログラム		Computerprogramm	L8
ブロック		Klotz, Block	L3
プロフィール		Profil	L1
プロポーズ		Heiratsantrag	L10
ふんいき	雰囲気	Atmosphäre	L2
へい	塀	Mauer, Zaun	L3
ペット		Haustier	L10
へや	部屋	Zimmer	L3
ペン		Stift	L5
べんきょう	勉強	Studium, Lernen	L1
へんきん	返金	Rückzahlung	L9
へんぴん	返品	Rückgabe	L9
べんり	便利	bequem, nützlich	L6
ポイント		Punkte	L2
ほう	方	Richtung	L7
ぼうし	帽子	Hut	L1
ホールスタッフ		Wohnheimpersonal	L8
ぼく	僕	ich *(Mann)*	L2
ほしい	欲しい	wollen	L5
ぼしゅう	募集	(Stellen-) Ausschreibung	L1
ほしょう	保証	Garantie	L2
ほしょうきかん	保証期間	Garantiezeit	L9
ほしょうしょ	保証書	Garantieschein	L9
ほめる	褒める	loben	L2
～ほん	～本	*Zählwort:* lange, schmale Objekte	L5
ほん	本	Buch	L1

ボン		Bonn	L1
ほんかくてき	本格的	authentisch, ernsthaft	L2
ほんじつ	本日	heute	L10
〜まい	〜枚	*Zählwort:* flache Objekte	L5
まいあさ	毎朝	jeden Morgen	L10
マインツ		Mainz	L1
まがる	曲がる	abbiegen	L5
マグニチュード		Magnitude	L3
まず	先ず	zuerst	L1
まだまだ		noch lange nicht	L2
まつ	待つ	warten	L3
まっすぐ	真っ直ぐ	geradeaus	L5
まど	窓	Fenster	L3
まどり	間取り	Schnitt einer Wohnung	L7
まなぶ	学ぶ	lernen	L9
まもる	守る	schützen	L3
まわり	周り	Umgebung	L7
（1）まんえん	（1）万円	10.000 Yen	L7
マンガ		Comic, Manga	L5
まんぞく	満足	Zufriedenheit	L9
みぎがわ	右側	rechte Seite	L5
みず	水	Wasser *(kalt)*	L3
みずたまの	水玉の	gepunktet	L1
みせ	店	Geschäft, Laden	L2
みち	道	Weg, Strasse	L3
みつかる	見つかる	gefunden werden	L7
みつける	見つける	finden	L2
みにつける	身に着ける	sich aneignen	L10
ミュージアムショップ		Museumsshop	L5
ミュージカル		Musical	L5
ミュージシャン		Musiker	L8
むかえる	迎える	jmdn. abholen	L10
むかし	昔	alt, vor langer Zeit	L4
むずかしい	難しい	schwierig	L8
むりょう	無料	kostenlos	L6
メーカー		Hersteller	L9
メール		Post, E-Mail	L6
めがね		Brille	L1
めざす	目指す	streben nach	L8
めちゃくちゃ	目茶苦茶	durcheinander	L4
メリット		Vorteil	L9
めんせつ	面接	Vorstellungsgespräch	L8
もうしわけない	申し訳ない	Es tut mir sehr leid	L10
もうす	申す	sagen, *(besch.)* heißen	L8

Wortliste Japanisch – Deutsch

もうすぐ		gleich, in Kürze	L3
もしかして		eventuell	L2
もちいえ	持ち家	Eigentumswohnung	L7
もちいる	用いる	benutzen, gebrauchen	L5
もちろん	勿論	selbstverständlich	L2
もつ	持つ	halten	L2
もっと		mehr	L9
モデル		Modell	L9
もとめる	求める	verlangen	L9
もより	最寄り	nächste(r)	L7
もらう	貰う	bekommen	L2
もんだい	問題	Problem	L7
やさしい	優しい	nett	L2
やすい	安い	billig	L2
やすみ	休み	Pause, Freizeit	L1
やすむ	休む	frei haben	L10
やちん	家賃	Miete	L7
やはり		tatsächlich, noch immer	L7
やま	山	Berg	L3
やめる	辞める、止める	aufhören	L10
やりがい がある	やり甲斐がある	der Mühe wert sein	L8
ゆうえんち	遊園地	Vergnügungspark	L4
ゆうめい	有名	berühmt	L4
ゆか	床	Boden	L4
ゆずる	譲る	schenken, verkaufen	L6
ゆったり		entspannt	L2
ゆびわ	指輪	Ring *(Schmuck)*	L1
ゆれ	揺れ	Beben	L3
ゆれる	揺れる	beben	L3
ようちえん	幼稚園	Kindergarten	L10
ヨーロッパ		Europa	L5
よく		oft	L3
よごす	汚す	schmutzig machen	L6
よごれる	汚れる	schmutzig werden	L4
よさそう	良さそう	gut aussehend	L2
よしん	余震	Nachbeben	L3
よぶ	呼ぶ	rufen	L1
より		als	L7
ライフスタイル		Lifestyle	L7
らく	楽	bequem, einfach	L8
らくご	落語	Rakugo *(jap. Comedy)*	L5
ラジオ		Radio	L3
ランキング		Ranking	L10
ランチ		Mittagessen	L2

リーズナブル		günstig, vernünftig	L2
リーダー		Lesegerät	L9
リスク		Risiko	L7
リストラ		Personalabbau	L8
リノベーション		Renovierung	L7
リュックサック		Rucksack	L2
りょう	量	Menge	L9
りょうしゅうしょ	領収書	Kassenzettel	L9
りょうしん	両親	Eltern	L10
りれきしょ	履歴書	Lebenslauf	L8
ルードヴィヒ２せい	ルードヴィヒ２世	Ludwig der II.	L5
れい	例	Beispiel	L1
れいぞうこ	冷蔵庫	Kühlschrank	L9
レジ		Ladenkasse	L8
レストラン		Restaurant	L4
ろうご	老後	Lebensabend	L7
ろうそく	蝋燭	Kerze	L3
ろうどう	労働	Arbeit	L8
ロボット		Roboter	L8
ワーキングホリデー		Working Holiday	L1
わかれる	分かれる	sich teilen	L7
わたし	私	ich	L1
わたる	渡る	überqueren, vorbeigehen	L5
わりびき	割引	Preisnachlass	L9
わるい	悪い	schlecht	L9
われる	割れる	zerbrechen	L3
ワンピース		Einteiler	L1

A				
	abbiegen	まがる	曲がる	L5
	aber	でも		L4
	aber	ただ	唯	L7
	abholen (jmd.)	むかえる	迎える	L10
	Alarm	アラーム		L3
	Alarm, Warnung	けいほう	警報	L3
	alle	ぜんぶ	全部	L3
	allein lebend	ひとりぐらし	一人暮らし	L7
	Alpen	アルプス		L4
	als	より		L7
	alt	ふるい	古い	L4
	alt werden	としをとる	年をとる	L7
	alt, vor langer Zeit	むかし	昔	L4
	am besten *(Superlativ)*	いちばん	一番	L7
	Amerika-mura *(Stadtteil Osaka)*	アメリカむら	アメリカ村	L4
	Ampel	しんごう	信号	L5
sich	amüsieren	あそぶ	遊ぶ	L10
	ändern	かえる	替える	L2
	anderweitig verwendbar *(Beruf)*	つぶしがきく		L8
sich	aneignen	みにつける	身に着ける	L10
sich	anfreunden	つきあう	付き合う	L10
	Angst erregend	こわい	怖い	L3
	anhalten, stoppen	とまる	止まる	L3
	Anime	アニメ		L8
	Ankunft	とうちゃく	到着	L9
sich	ansammeln	たまる	溜まる	L8
sich	anstrengen	がんばる	頑張る	L10
	anziehen, tragen	きる	着る	L1
	anziehen, tragen *(Hose, Schuhe)*	はく	履く	L1
	anzünden, anmachen	つける	点ける	L3
	App *(EDV)*	アプリ		L9
	Arbeit	ろうどう	労働	L8
	Arbeit, Dienst	きんむ	勤務	L8
	arbeiten	はたらく	働く	L1
	Arbeiter	ひとで	人手	L8
	Arbeitskräftemangel	ひとでぶそく	人手不足	L8
	Arbeitsplatzwechsel	てんしょく	転職	L8
	Atmosphäre	ふんいき	雰囲気	L2
	aufführen, darstellen	えんじる	演じる	L5
	Aufführung	じょうえん	上演	L5
	aufhören	やめる	辞める、止める	L10
	aufnehmen	うけいれる	受け入れる	L8
	aufpassen, Rücksicht nehmen	きをつかう	気を使う	L7

	aufsetzen *(Hut etc.)*	かぶる	被る	L1
	Aufzug	エレベーター		L3
	Ausdehnung, Breite	ひろさ	広さ	L7
	ausführlich	こまかい	細かい	L8
	ausgehen	きえる	消える	L3
	Auskunft	あんない	案内	L8
	Ausland	がいこく	外国	L1
	ausmachen	けす	消す	L3
	ausreichend	じゅうぶん	十分	L9
sich	ausrüsten	そなえる	備える	L3
	Ausstellungsexemplar	げんぴん	現品	L9
	auswendig	あんき	暗記	L2
	authentisch	ほんかくてき	本格的	L2
B				
	bauen	たてる	建てる	L5
	Baujahr	ちくねんすう	築年数	L7
	Baum	き	木	L4
	beben	ゆれる	揺れる	L3
	Beben	ゆれ	揺れ	L3
	bedienungsfreundlich	つかいやすい	使いやすい	L2
	Bedingung	じょうけん	条件	L7
	beenden	しまう	仕舞う	L4
	begleiten (jmd.)	つれていく	連れて行く	L6
	Begrüßung *(im Geschäft)*	ごらいてん	ご来店	L9
	Beispiel	れい	例	L1
	bekannt	しられている	知られている	L5
	bekommen	もらう，とれる	貰う，取れる	L2
	beliebt	にんき	人気	L2
	benötigen	いる	要る	L8
	benutzen	つかう	使う	L2
	benutzen	もちいる	用いる	L5
	bequem	らく	樂	L8
	Berg	やま	山	L3
	Beruf	しょくぎょう	職業	L8
sich	beruhigen	おちつく	落ち着く	L3
	berühmt	ゆうめい	有名	L4
	berühren	ふれる	触れる	L10
	Beschädigung	きず	傷	L6
	beschränkt auf	かぎり	限り	L9
	Beschwerde	クレーム		L8
	besonders	とくに	特に	L1
	Bestellung	ちゅうもん	注文	L9
	bestimmt	きっと		L4
	betreffend	ついて		L7

bewegen (sich)	うごく	動く	L3
Bewerbung	おうぼ	応募	L8
Bewohner	じゅうにん	住人	L7
bezahlen	はらう	払う	L7
Bilderbuch	えほん	絵本	L5
Bildschirm	がめん	画面	L9
billig	やすい	安い	L2
binden	しばる	縛る	L7
Bitte ... *(um etwas bitten)*	おねがいします	お願いします	L5
Bitte kommen Sie herein	おあがりください	お上がりください	L10
Bitte warten Sie	おまちください	お待ちください	L8
bleiben	とまる	泊まる	L3
Blumenmuster	はながら	花柄	L1
Boden	ゆか	床	L4
Bonbon	あめ	飴	L5
Bonn	ボン		L1
Brandenburger Tor	ブランデンブルクもん	ブランデンブルク門	L4
brauchen	いる	要る	L8
Brille	めがね		L1
Broschüre	パンフレット		L5
Brücke	はし	橋	L4
Brüder	きょうだい	兄弟	L5
Buch	ほん	本	L1
Bügeleisen	アイロン		L10
Bühne	ステージ		L5
Burg von Osaka	おおさかじょう	大阪城	L4
Büro	オフィス		L3
Büroarbeit	じむ	事務	L8
Bus	バス		L8
C			
Café	カフェ		L1
Comic	マンガ		L5
Computer	パソコン，コンピュータ		L6
Computerprogramm	プログラム		L8
Computerzubehör	しゅうへんきき	周辺機器	L9
D			
dabei ...	- ちゅう	- 中	L1
dank	おかげで		L6
Daten	データ		L8
dazugehören	つく	付く	L8
den ganzen Tag	いちにちじゅう	一日中	L8
denken	おもう	思う	L7
der Mühe wert sein	やりがい がある	やり甲斐がある	L8
deshalb	だから		L2

	Design	デザイン，せっけい	– 設計	L7
	die ganze Zeit	ずっと		L10
	Dieb	どろぼう	泥棒	L6
	dieses hier	こちら		L9
	dieses Jahr	ことし	今年	L2
	Doppelverdiener	ともばたらき	共働き	L7
	dringend	きんきゅう	緊急	L3
	dumm	ばか	馬鹿	L2
	durcheinander	めちゃくちゃ	目茶苦茶	L4
E				
	Ecke	かど	角	L5
	Ehepaar	ふうふ	夫婦	L7
	Eigentum	しさん	資産	L7
	Eigentumswohnung	もちいえ	持ち家	L7
	Eilmeldung	そくほう	速報	L3
	ein bisschen	ちょっと		L2
	ein Jahr	いちねん	一年	L10
	ein wenig	しょうしょう	少々	L8
	eine Kleinigkeit für Sie *(besch.)*	つまらないものですが		L2
	eine Weile	しばらく	暫く	L3
	einfach	シンプル		L9
	Eingabe *(EDV)*	にゅうりょく	入力	L8
	Einkaufsstraße	しょうてんがい	商店街	L4
	Einkaufszentrum	ショッピングモール		L9
	einmal	いちど	一度	L4
sich	einmischen	くちをだす	口を出す	L7
	einsam	さびしい	寂しい	L10
	Einteiler	ワンピース		L1
	eintreten	はいる	入る	L1
	Eisenbahn	てつどう	鉄道	L5
	Elektronik	でんき	電気	L3
	Eltern	りょうしん	両親	L10
	Eltern	おや	親	L10
	Elternhaus	じっか	実家	L7
	E-Mail	メール		L6
	Empfehlung	すすめ	勧め	L2
	Endpunkt	つきあたり	突き当たり	L5
	eng	せまい	狭い	L7
	entlassen werden	くびになる	首になる	L8
sich	entscheiden	きめる	決める	L9
	Entschuldigung, dass ich Sie habe warten lassen	おまたせいたしました	お待たせ致しました	L9
	entspannt	ゆったり		L2
	Erdbeben	じしん	地震	L3

Erdbebenstärke	しんど	震度	L3
Ereignis	イベント		L1
Erfindung	はつめい	発明	L5
erklären	おしえる	教える	L5
sich erkundigen	しらべる	調べる	L3
erleiden	しまう	仕舞う	L4
ermüden	つかれる	疲れる	L8
ernsthaft	ほんかくてき	本格的	L2
eröffnen	オープンする		L1
Erste, der	(1)ばんめ	(1)番目	L7
Es tut mir sehr leid	もうしわけない	申し訳ない	L10
Essen	たべもの	食べ物	L3
essen	たべる	食べる	L8
Essstäbchen	はし	箸	L4
Europa	ヨーロッパ		L5
eventuell	もしかして		L2
Experiment	じっけん	実験	L8
exzellentes Werk	ぜっぴん	絶品	L2
F			
Fachkenntnisse	せんもんせい	専門性	L8
Fähigkeit	スキル		L8
Fahrer	うんてんしゅ	運転手	L8
fallen	おちる	落ちる	L3
falls	なら		L9
falten	たたむ	畳む	L5
Familie	かぞく	家族	L3
Fan	ファン		L5
Farbe	カラー		L9
fehlen	かく	欠く	L5
Fenster	まど	窓	L3
fest	しっかり		L7
Feuer	かじ	火事	L3
finden	みつける	見つける	L2
Finden einer Arbeitsstelle	しゅうしょく	就職	L8
Fischmarkt	フィッシュマルクト		L5
fliehen	にげる	逃げる	L3
Flohmarkt	フリーマーケット		L9
Fluss	かわ	川	L3
folgen *(Social Media)*	フォロー		L1
Food-Court	フードコート		L9
Formalitäten	てつづき	手続き	L9
Foto	しゃしん	写真	L2
fragen	うかがう	伺う	L9
Frankfurt	フランクフルト		L1

Frau	おんなのひと	女の人	L5
Frau … *(sehr höfl.)*	…さま	様	L1
Frauen	じょし	女子	L7
frei	じゆう	自由	L7
frei haben	やすむ	休む	L10
Freund	なかま	仲間	L1
freundlich	しんせつ	親切	L7
Friseur	びようし	美容師	L8
Friseursalon	びよういん	美容院	L2
Frisur	かみがた	髪型	L2
Frühling	はる	春	L2
fünf Tage	いつか	五日	L5
Funktion	きのう	機能	L9
Fußball	サッカー		L1
Futon	ふとん	布団	L6
G			
Garantie	ほしょう	保証	L2
Garantieschein	ほしょうしょ	保証書	L9
Garantiezeit	ほしょうきかん	保証期間	L9
Garten	にわ	庭	L7
Gartenarbeit	ガーデニング		L7
Gas	ガス		L4
Gebäude	ビル		L3
geben	あげる，くれる		L6
geben *(höfl.)*	ございます		L9
geboren werden	うまれる	生まれる	L1
Gebrauch	しよう	使用	L6
Gebrauchtware	ちゅうこひん	中古品	L9
gefährlich	あぶない	危ない	L3
gefallen	きにいる	気に入る	L7
Gefühl	きもち	気持ち	L10
gefunden werden	みつかる	見つかる	L7
gegenseitig	たがいに	互いに	L7
Geld	おかね	お金	L7
Gemütlichkeit	いごこち	居心地	L2
genau	なるほど	成る程	L3
Generation	だい	代	L7
Generation	ねんだい	年代	L7
Genre	ジャンル		L2
geöffnet	あいている	開いている	L4
gepunktet	みずたまの	水玉の	L1
geradeaus	まっすぐ	真っ直ぐ	L5
gering	すくない	少ない	L4
Geschäft	みせ	店	L2

Geschäftszeit	きんむじかん	勤務時間	L8
Geschichte	はなし	話	L5
Geschirr	しょっき	食器	L6
Geschirrschrank	しょっきだな	食器棚	L6
Geschmack	あじ	味	L2
Gespräch	はなし	話	L5
Gespräch	かいわ	会話	L10
gestern	きのう	昨日	L2
getauscht werden	かわる	代わる	L8
Gewicht	じゅうりょう	重量	L9
Glas	ガラス		L3
glauben	おもう	思う	L7
gleich	もうすぐ		L3
glücklich	うれしい，しあわせ	嬉しい，幸せ	L7
golden	ゴールド		L9
Gott	かみさま	神様	L5
großartig	たいしたものだ	大したものだ	L2
große Buddhastatue	だいぶつ	大仏	L5
Großeltern	そふぼ	祖父母	L7
Großmutter	おばあさん		L2
Großstadt	とかい	都会	L7
großziehen	そだてる	育てる	L7
Gruß	あいさつ	挨拶	L10
günstig	おもとめやすい	お求めやすい	L9
günstig	おかいどく	お買い得	L9
gut aussehend	よさそう	良さそう	L2
H			
haben *(höfl.)*	ございます		L9
Halskette	ネックレス		L1
halten	もつ	持つ	L2
Hamburg	ハンブルグ		L5
Hamburger *(kul.)*	ハンバーガ		L2
Handtuch	タオル		L3
harmonisch	なかよく	仲良く	L7
Haus	いえ	家	L3
Hausfrau	しゅふ	主婦	L7
Haushalt	かてい	家庭	L10
Haushalt, Familie	せたい	世帯	L7
Haustier	ペット		L10
Heiratsantrag	プロポーズ		L10
heiß	あつい	熱い	L9
heißen *(besch.)*	もうす	申す	L8
helfen	たすける	助ける	L6
helfen	てつだう	手伝う	L10

herabsteigen	おりる	降りる	L5
Herbst	あき	秋	L2
Herr ... *(sehr höfl.)*	...さま	様	L1
Hersteller	メーカー		L9
heute	ほんじつ	本日	L10
Hilfe	おせわをする	お世話をする	L8
hinausbringen	だす	出す	L10
hinausgehen	でる	出る	L3
hineintun	いれる	入れる	L3
Hinweisschild	かんばん	看板	L2
Hobby	しゅみ	趣味	L1
hoch	たかい	高い	L2
Höhe	たかさ	高さ	L3
Hut	ぼうし	帽子	L1
I			
ich	わたし	私	L1
ich *(Mann)*	ぼく	僕	L2
Ich wünsche Ihnen ~	〜といいですね		L7
ihre Kinder *(höfl.)*	おこさんたち	お子さんたち	L7
immer wieder	なんかいも	何回も	L5
in der Nähe	ちかくに	近くに	L1
in Schwierigkeiten sein	こまる	困る	L6
Inch	インチ		L9
Index	けんさく	検索	L9
Insolvenz	とうさん	倒産	L8
interessant	おもしろい	面白い	L4
Interesse	きょうみ	興味	L1
Internet	インターネット		L3
Internet	ネット		L9
irgendwann	いつか		L5
J			
Jacke	ジャケット		L2
Jahr	とし	年	L5
~ Jahre	〜ねん	〜年	L5
japanischer Curryreis	カレー		L2
Jeans	ジーンズ		L1
jeden Morgen	まいあさ	毎朝	L10
jetzt	いま	今	L1
K			
Kalligraphie	しょどう	書道	L10
kaputtgehen, zerbrechen	こわれる	壊れる	L3
Karaoke	カラオケ		L2
kariert	チェックの		L1
Karriere	キャリア		L8

Kassenzettel	りょうしゅうしょ	領収書	L9
Katastrophe	さいがい	災害	L3
Katastrophensammelstelle	ひなんじょ	避難所	L3
Kategorie	カテゴリー		L9
kaufen	かう	買う	L2
Kerze	ろうそく	蝋燭	L3
Kindergarten	ようちえん	幼稚園	L10
Kino	えいが	映画	L1
Kiosk	ばいてん	売店	L5
Klammer	かっこ	括弧	L2
Klapptisch	ちゃぶだい		L6
kleben	つく	付く	L8
Kleidergröße	サイズ		L9
Kleidung	ふく	服	L2
klein, aber fein	こじんまり		L2
Klimaanlage	エアコン		L9
Klotz	ブロック		L3
Kobe	こうべ	神戸	L4
kochen	たく	炊く	L9
können	できる	出来る	L2
Konzerthalle	コンサートホール		L4
körperlich	にくたい	肉体	L8
Kosten (für)	...ひ	...費	L8
kostenlos	むりょう	無料	L6
krank	びょうき	病気	L8
Krankenpfleger	かんごし	看護師	L8
kreativ	クリエイティブ		L8
Kreuzung	こうさてん	交差点	L5
Kuchen	ケーキ		L2
Kühlschrank	れいぞうこ	冷蔵庫	L9
sich kümmern	あつかう	扱う	L8
Kunde	クライアント		L8
Kunde	きゃく	客	L9
Kundenbewertung	カスタマーレビュー		L9
Kundenservice	カスタマーサービス		L9
Kyoto	きょうと	京都	L1
L			
Laden	みせ	店	L2
Ladeninhaber	てんしゅ	店主	L2
Ladenkasse	レジ		L8
Land	くに	国	L5
Landkarte	ちず	地図	L3
langsam	おそい	遅い	L2
laut	うるさい	煩い	L7

leben (von)	くらす	暮らす	L7
Lebensabend	ろうご	老後	L7
Lebenslauf	りれきしょ	履歴書	L8
lebhaft	にぎやか	賑やか	L4
lehren	おしえる	教える	L5
leicht *(Gewicht)*	かるい	軽い	L2
Lernen	べんきょう	勉強	L1
lernen	まなぶ	学ぶ	L9
lernen	ならう	習う	L10
Lesegerät	リーダー		L9
letzter Monat	せんげつ	先月	L9
Leuchtreklame	ネオン		L4
Leute	ひとびと	人々	L1
Liebe	あい	愛	L5
Lieblings….	おきにいりの	お気に入りの	L2
Lied	うた	歌	L2
liefern	とどく	届く	L9
Lifestyle	ライフスタイル		L7
loben	ほめる	褒める	L2
Lohn	きゅうりょう	給料	L7
lokal	じもと	地元	L9
Ludwig der II.	ルードヴィヒ２せい	ルードヴィヒ２世	L5

M

machen	いたす	致す	L9
Magnitude	マグニチュード		L3
Mainz	マインツ		L1
~ mal	～かい	～回	L5
Manga	マンガ		L5
Männer	だんし	男子	L7
Markenartikel	ブランド		L9
Mauer	へい	塀	L3
Meer	うみ	海	L3
mehr	もっと		L9
Meinung	いけん	意見	L2
Menge	りょう	量	L9
Mensch	ひと	人	L1
Miete	やちん	家賃	L7
Mietwohnung	ちんたい	賃貸	L7
Mikrowelle	でんしレンジ	電子レンジ	L9
mit	ついて		L7
Mittag	ひる	昼	L2
Mittagessen	ランチ		L2
Möbel	かぐ	家具	L3
Modell	モデル		L9

mögen	すく	好く	L1
mögen	きにいる	気に入る	L7
Monat (Januar)	（1）がつ	（1）月	L10
morgen	あした	明日	L3
Müll	ごみ		L10
Mund	くち	口	L3
Museum	はくぶつかん	博物館	L5
Museumsshop	ミュージアムショップ		L5
Musical	ミュージカル		L5
Musiker	ミュージシャン		L8
N			
nach	あと	後	L4
Nachbeben	よしん	余震	L3
nächste(r)	つぎ，もより	次，最寄り	L5
Nachteil	ふべん	不便	L7
nah	ちかい	近い	L1
Nähe	そば	側	L3
nahebringen	したしませる	親しませる	L5
Nara	なら	奈良	L1
nass werden	ぬれる	濡れる	L6
Natur	しぜん	自然	L7
nehmen	とる	取る	L6
nett	やさしい	優しい	L2
neu	あたらしい	新しい	L4
Neubau	しんちく	新築	L7
nicht mögen	いや	嫌	L7
nicht so sehr	それほど（ない）		L1
nicht zu ändern	しかたがない	仕方がない	L7
niedrig	ひくい	低い	L3
noch immer	やはり		L7
noch lange nicht	まだまだ		L2
Norm	ノルマ		L8
Notausgang	ひじょうぐち	非常口	L3
nur	しか		L4
nur	ただ	唯	L7
nur ein bisschen	すこしだけ	少しだけ	L2
nützlich	べんり	便利	L6
O			
Oberschule	こうこう	高校	L2
öffnen	あける	開ける	L6
oft	よく		L3
Onigiri	おにぎり		L5
online	オンライン		L9
Onlineshop	ネットショップ		L9

Ort	ばしょ	場所	L3
Osaka	おおさか	大阪	L1
P			
Panorama	けしき	景色	L10
Partner	かれし	彼氏	L2
Pause, Freizeit	やすみ	休み	L1
Perle	しんじゅ	真珠	L5
Personalabbau	リストラ		L8
Personalbeschaffung	きゅうじん	求人	L8
persönliche Beziehung	なか	仲	L7
Persönlichkeitstest	タイプチェック		L7
Pflege	せわ	世話	L10
Phantom der Oper	オペラざのかいじん	オペラ座の怪人	L5
Platz	ばしょ	場所	L3
plötzlich	とつぜん	突然	L1
Polizei	けいさつ	警察	L6
Post	メール		L6
Preis	ねだん，かかく	値段，価格	L2
Preisnachlass	わりびき	割引	L9
preiswert	かくやす	格安	L6
Privatsphäre	プライバシー		L7
Problem	もんだい，トラブル	問題，-	L7
Profil	プロフィール		L1
Programmieren	プログラミング		L10
Punkt	ところ	所	L3
Punkte	ポイント		L2
Q			
Qualifikation	しかく	資格	L8
R			
Radio	ラジオ		L3
Rakugo *(jap. Comedy)*	らくご	落語	L5
Rang	い	位	L10
Ranking	ランキング		L10
Rathaus	しちょうしゃ	市庁舎	L5
rechte Seite	みぎがわ	右側	L5
reden	はなす	話す	L1
Regal	たな	棚	L6
Regen	あめ	雨	L3
Region	ちいき	地域	L9
Reiseleiter	ツアーコンダクター		L8
Reiskocher	すいはんき	炊飯器	L9
Renovierung	リノベーション		L7
Reparatur	しゅうり	修理	L9
Restaurant	レストラン		L4

Richtung	ほう	方	L7
Ring *(Schmuck)*	ゆびわ	指輪	L1
Ringlinie	かんじょうせん	環状線	L5
Risiko	リスク		L7
Roboter	ロボット		L8
Rock	スカート		L1
Rückgabe	へんぴん	返品	L9
Rucksack	リュックサック		L2
Rückzahlung	へんきん	返金	L9
rufen	よぶ	呼ぶ	L1
Ruhetag	きゅうじつ	休日	L8
ruhig	しずか	静か	L4
S			
Sache	こと	事	L1
sagen	いう，もうす	言う，申す	L1
sammeln	あつまる	集まる	L4
Sandwich	サンドイッチ		L5
Schalter	スイッチ		L3
schenken	ゆずる	譲る	L6
Schichtsystem	シフトせい	シフト制	L8
Schirm	かさ	傘	L5
schlecht	わるい	悪い	L9
Schloss	おしろ	お城	L4
Schloss Neuschwanstein	ノイシュバンシュタインじょう	ノイシュバンシュタイン城	L5
Schlüssel	かぎ	鍵	L6
schmutzig machen	よごす	汚す	L6
schmutzig werden	よごれる	汚れる	L4
schnell	はやい	速い	L7
Schnitt einer Wohnung	まどり	間取り	L7
Schock	ショック		L4
Schreibtisch	つくえ	机	L3
Schriftzeichen	じ	字	L10
Schule	がっこう	学校	L10
Schüssel	さら	皿	L10
Schutz	ひなん	避難	L3
schützen	まもる	守る	L3
Schwachpunkt	にがて	苦手	L1
schwer zu	...にくい	...難い	L2
schwierig	むずかしい	難しい	L8
Schwimmen	スイミング		L10
Security	セキュリティ		L7
sehen *(besch.)*	はいけん	拝見	L8
sehen Sie bitte *(höfl.)*	ごらんください	ご覧ください	L9
sein *(höfl.)*	いらっしゃる		L8

selbst	じぶん	自分	L3
selbstverständlich	もちろん	勿論	L2
Service	サービス	サービス	L2
Sicherheit	あんぜん	安全	L3
Sicherheitssystem *(Apartmenthaus)*	オートロック		L7
Sicherung	かくほ	確保	L3
Sicherung *(elektr.)*	ブレーカー		L3
silber	シルバー		L9
singen	うたう	歌う	L5
Smartphone	スマホ		L9
sofort	すぐに，いますぐ	直ぐに，今すぐ	L3
Sojasoße	しょうゆ	醤油	L2
sollte *(Vermutung)*	はず	筈	L9
Sonnenlage *(nicht: sonnig)*	ひあたり（がいい：わるい）	日当たり	L7
Sorge	おせわをする	お世話をする	L8
Sorge	ふあん		L7
spät	おそい	遅い	L2
speziell	とくべつ	特別	L8
Spezifikation	しよう	仕様	L9
Spiel	ゲーム		L1
spielen	あそぶ	遊ぶ	L10
Sportcafe	スポーツカフェ		L1
Sportklub	スポーツサークル		L1
Sportwagen	スポーツカー		L1
Sprache	ことば	言葉	L2
stabil	あんてい	安定	L8
Stadt	し	市	L5
starke Seite	とくい	得意	L1
stattdessen	かわりに	代わりに	L7
Staubsauger	そうじき	掃除機	L9
stehlen	とる	取る	L6
stehlen	ぬすむ	盗む	L6
Stein	いし	石	L3
Stellenausschreibung	ぼしゅう	募集	L1
sterben	しぬ	死ぬ	L10
Stift	ペン		L5
Stockwerk	かい	階	L3
störend	うるさい	煩い	L7
Straße	みち	道	L3
streben nach	めざす	目指す	L8
Streifen	しま	縞	L1
streng	きびしい	厳しい	L8
Stress	ストレス		L7
Strom	でんき	電気	L3

Studium	べんきょう	勉強	L1
Stunde	じかん	時間	L8
Stundenlohn	じきゅう	時給	L8
suchen	さがす	探す	L6
Supermarkt	スーパー		L7
T			
Tabletcomputer	カラータブレットリーダー		L9
Taifun	たいふう	台風	L3
Takarazuka *(Stadt Präf. Hyogo)*	たからづか	宝塚	L5
Tante	おばさん		L2
Tasche	かばん	鞄	L3
Taschenlampe	かいちゅうでんとう	懐中電灯	L3
Taschentuch	ハンカチ		L3
Tasse	カップ		L2
tatsächlich	やはり		L7
Technologie	テクノロジー		L8
Teenageralter	じゅうだい	１０代	L7
Teezeremonie	さどう	茶道	L5
Teich	いけ	池	L2
Teil	ぶぶん	部分	L8
sich teilen	わかれる	分かれる	L7
Teller	さら	皿	L10
Tempel	おてら	お寺	L4
teuer	たかい	高い	L2
Theater	げきじょう	劇場	L5
Themenpark	テーマパーク		L4
Ticket	チケット		L5
Tisch	テーブル		L3
Ton	おと	音	L9
Tourist	かんこうきゃく	観光客	L8
tragen	かける	掛ける	L1
Tränen	なみだ	涙	L3
sich treffen	あう	会う	L1
Trockner	かんそうき	乾燥器	L9
Tsunami	つなみ	津波	L3
tun	いたす	致す	L9
Turnhalle	たいいくかん	体育館	L3
U			
überhaupt nicht	とんでもない		L2
übermäßig	あまり	余り	L8
überqueren	わたる	渡る	L5
Überraschung	びっくり		L10
überschreiten	すぎる	過ぎる	L8
Überschwemmung	こうずい	洪水	L3

Überstunden	ざんぎょう	残業	L8
übertreiben	すぎる	過ぎる	L8
übrig lassen	のこす	残す	L7
übrig sein	あまっている	余っている	L6
umfallen	たおれる	倒れる	L3
Umfrage	アンケート		L7
Umgebung	まわり	周り	L7
Umtausch	こうかん	交換	L9
umtauschen	とりかえる	取り替える	L9
Umwelt	かんきょう	環境	L7
sich umziehen	きがえる	着替える	L7
umziehen *(Wohnort)*	ひっこす	引っ越す	L1
unabhängig	じゆう	自由	L7
unangenehm	いや	嫌	L7
unbedingt	ぜひ	是非	L4
Unbequemlichkeit	ふべん	不便	L7
unregelmäßig	ふきそく	不規則	L8
Unsicherheit	ふあん		L7
unterbringen	とめる	泊める	L6
Unterstützung	おせわをする	お世話をする	L8
Untersuchung	けんさ	検査	L8

V

Variante	バリエーション		L9
Vater und Mutter	ふぼ	父母	L7
Verabredung	デート		L2
Verbraucher	しょうひしゃ	消費者	L9
verbringen	すごす	過ごす	L8
Vergangenheit	かこ	過去	L2
Vergnügungspark	ゆうえんち	遊園地	L4
verhältnismäßig	ひかくてき	比較的	L8
verkaufen	ゆずる	譲る	L6
verkaufen	うる	売る	L4
Verkäufer	てんいん	店員	L9
Verkaufsabteilung	うりば	売り場	L9
Verkehr	こうつう	交通	L8
verlangen	もとめる	求める	L9
verleihen	かす	貸す	L8
Verletzung	きず	傷	L6
Verlobung	こんやく	婚約	L10
Vermieter	おおや	大家	L4
Vermietung	ちんたい	賃貸	L7
vernünftig	リーズナブル		L2
verschicken	おくる	送る	L8
Versorgung	しきゅう	支給	L8

verstopfen	ふさがる	塞がる	L4
verwenden	あてる	充てる	L3
viele	いろいろ，たくさん，おおい	色々，沢山，多い	L1
voll sein	こんでいる	混んでいる	L4
vorbeigehen	わたる	渡る	L5
vorbereiten	しておく		L3
Vorbereitung	じゅんび	準備	L3
Vorsicht	ちゅうい	注意	L2
Vorstellungsgespräch	めんせつ	面接	L8
Vorteil	メリット		L9
W			
wachsen	ふえる	増える	L3
wählen	えらぶ	選ぶ	L9
Ware	しょうひん	商品	L9
Waren	グッズ		L5
Waren	せいひん	製品	L9
warten	まつ	待つ	L3
Was ist los?	どうしたんですか		L6
was?	なに	何	L1
Wäsche	せんたく	洗濯	L10
waschen	あらう	洗う	L10
Waschmaschine	せんたくき	洗濯機	L9
Wasser *(kalt)*	みず	水	L3
Website	サイト		L8
Weg	みち	道	L3
Wegbeschreibung	いきかた	行き方	L5
weil	...ので		L2
weit weg	とおい	遠い	L7
welcher	どの		L1
Welt	せかい	世界	L8
wenig	すこし	少し	L2
Werbeanzeige	こうこく	広告	L8
wichtig	だいじ，たいせつ	大事，大切	L7
Widerspruch	はんたい	反対	L7
wie ...?	どうやって		L5
wie sie wünschen	かしこまりました		L9
wie viele?	なんまい	何枚	L5
Wind	かぜ	風	L3
Wirtschaft	けいざい	経済	L9
wissen	しる	知る	L5
Wissenschaftler	けんきゅうしゃ	研究者	L8
Woche	しゅう	週	L8
Wochenende	しゅうまつ	週末	L8
wohnen	すむ	住む	L1

Wohnheimpersonal	ホールスタッフ		L8
Wohnungssuche	いえさがし	家探し	L7
wollen	ほしい	欲しい	L5
Working Holiday	ワーキングホリデー		L1
Wort	ことば	言葉	L2
Wunde	けが	怪我	L8
wunderschön	すてき	素敵	L2

Z

Zählwort: Bücher	〜さつ	〜冊	L5
Zählwort: flache Objekte	〜まい	〜枚	L5
Zählwort: lange, schmale Objekte	〜ほん	〜本	L5
Zählwort: Stück	〜こ	〜個	L5
Zählwort: Tiere	〜ひき	〜匹	L5
Zählwort: Zeitschriften	〜さつ	〜冊	L5
Zahn	は	歯	L1
Zaun	へい	塀	L3
Zehntausend Yen	(1)まんえん	(1)万円	L7
Zeit	とき	時	L3
Zeitalter	ねんだい	年代	L7
zerbrechen	われる	割れる	L3
Zeremonie	しき	式	L10
ziemlich	だいぶ	大分	L7
Zimmer	へや	部屋	L3
zu Fuß	とほ	徒歩	L7
zu gebrauchen sein	つかえる	使える	L8
zuerst	まず	先ず	L1
Zufriedenheit	まんぞく	満足	L9
zugehen	しまる	閉まる	L4
Zukunft	しょうらい	将来	L7
zum Beispiel	たとえば	例えば	L8
zusammen	いっしょに	一緒に	L1
Zustand	ちょうし	調子	L9
Zuständiger	たんとう	担当	L8
Zustimmung	さんせい	賛成	L7
zwecklos	だめ	駄目	L10
ZweiGenerationenHaus	にせたいじゅうたく	二世帯住宅	L7

Cover Getty Images (FrankMirbach), München; **Cover** Getty Images (rssfhs), München; **10** Shutterstock (Puckung), New York; **10** Shutterstock (lana rinck), New York; **13.1** Getty Images (Atsushi Yamada), München; **13.2** Shutterstock (2p2play), New York; **13.3** Getty Images (Linda Raymond), München; **13.4** Getty Images (GeorgeRudy), München; **13.5** Getty Images (Purestock), München; **13.6** Getty Images (RUNSTUDIO), München; **13.7** Getty Images (daizuoxin), München; **15.1** Shutterstock (Ann in the uk), New York; **15.2** Getty Images (monkeybusinessimages), München; **15.3** Shutterstock (milatas), New York; **15.4** Getty Images (Vstock LLC), München; **15.5** Getty Images (RuslanOmega), München; **15.6** Getty Images (mawielobob), München; **15.7** Getty Images (mschenk), München; **15.8** Getty Images (kertlis), München; **15.9** Getty Images (pelucco), München; **17** Getty Images (tickcharoen04), München; **18.1** Getty Images (Riou), München; **18.2** Getty Images (vichie81), München; **21** Shutterstock (Puckung), New York; **24.1** Irasutoya (irasutoya.com), Japan; **24.2** Irasutoya (irasutoya.com), Japan; **24.3** Irasutoya (irasutoya.com), Japan; **24.4** Irasutoya (irasutoya.com), Japan; **24.5** Irasutoya (irasutoya.com), Japan; **24.6** Irasutoya (irasutoya.com), Japan; **24.7** Getty Images (timoph), München; **24.8** Irasutoya (irasutoya.com), Japan; **26.1** Shutterstock (Barks), New York; **26.2** Getty Images (Images_By_Kenny), München; **26.4** Getty Images (Images_By_Kenny), München; **27.1** Irasutoya (irasutoya.com), Japan; **27.2** Irasutoya (irasutoya.com), Japan; **27.3** Irasutoya (irasutoya.com), Japan; **28.3** Irasutoya (irusutoya.com), Japan; **28.4** Shutterstock (mei yanotai), New York; **30** Shutterstock (liza54500), New York; **33.1** Getty Images (stockinasia), München; **33.2** Getty Images (MIXA), München; **33.3** Getty Images (View Photos/a.collectionRF), München; **33.4** Getty Images (ymgerman), München; **33.5** Shutterstock (maxhorng), New York; **33.6** Shutterstock (NU sniper), New York; **39** Getty Images (TommL), München; **40** Shutterstock (Elena11), New York; **40.1** Shutterstock (Kae B Yuki), New York; **40.2** Shutterstock (Tama2u), New York; **40.3** Shutterstock (wavebreakmedia), New York; **40.4** Getty Images (DevMarya), München; **42.1** Getty Images (fstop123), München; **42.2** Getty Images (traveler1116), München; **42.3** Getty Images (hichako), München; **42.4** Shutterstock (Joseph M. Arseneau), New York; **42.5** Getty Images (fstop123), München; **42.6** Shutterstock (AD Hunter), New York; **42.7** Getty Images (peshkov), München; **42.8** Shutterstock (RVStock), New York; **42.8** Shutterstock (polkadot_photo), New York; **43.1** Getty Images (fstop123), München; **43.2** Getty Images (BreatheFitness), München; **43.3** Getty Images (Image Source), München; **43.4** Getty Images (coward_lion), München; **45.1** Getty Images (benedek), München; **45.2** Getty Images (Bertl123), München; **45.3** Getty Images (Sjo), München; **45.4** Getty Images (duncan1890), München; **46.1** Getty Images (pixelfit), München; **46.2** Getty Images (paulaphoto), München; **46.3** Shutterstock (beeboys), New York; **46.4** Getty Images (PATRICKBP), München; **46.5** Getty Images (Phurinee), München; **46.6** Getty Images (bee32), München; **52.1** Getty Images (nkbimages), München; **52.2** Shutterstock (wernerimages 2018), New York; **52.3** Shutterstock (michelmond), New York; **52.4** Shutterstock (NARENTHORN), New York; **52.5** Shutterstock (sdecoret), New York; **52.6** Shutterstock (Nerijus Juras), New York; **52.7** Getty Images (Sergey Nazarov), München; **52.8** Shutterstock (Photographee.eu), New York; **52.9** Getty Images (paulaphoto), München; **52.10** Getty Images (dreaming2004), München; **52.11** Getty Images (m-imagephotography), München; **52.13** Shutterstock (polkadot_photo), New York; **52.14** Getty Images (mykeyruna), München; **52.15** Getty Images (chachamal), München; **52.15** Getty Images (Taiyou Nomachi), München; **52.17** Getty Images (Jerry Driendl), München; **52.18** Getty Images (miya227), München; **52.20** Shutterstock (miya227), New York; **55** Getty Images (m-imagephotography), München; **56.1** Getty Images (m-imagephotography), München; **57.1** Getty Images (Betsie Van der Meer), München; **57.1** Getty Images (m-imagephotography), München; **57.4** Getty Images (mykeyruna), München; **58.1** Getty Images (m-imagephotography), München; **58.2** Getty Images (Jack Wild), München; **59.1** Getty Images (m-imagephotography), München; **59.3** Shutterstock (polkadot_photo), New York; **60.1** Getty Images (blackred), München; **60.1** Getty Images (electravk), München; **60.2** Getty Images (maroke), München; **60.2** Getty Images (RichLegg), München; **60.3** Getty Images (Pixelchrome Inc), München; **60.4** Getty Images (PhotoTalk), München; **68.1** Getty Images (Image Source), München; **68.2** Getty Images (maroke), München; **68.3** Getty Images (RichLegg), München; **68.4** Getty Images (Hinterhaus Productions), München; **76.1** Getty Images (deepblue4you), München; **76.2** Getty Images (JazzIRT), München; **76.3** Shutterstock (New Africa), New York; **76.4** Getty Images (stocknroll), München; **76.5** Getty Images (JazzIRT), München; **76.6** Shutterstock (Wstockstudio), New York; **76.7** Getty Images (Yasuhide Fumoto), München; **76.8** Getty Images (Jeffrey Coolidge), München; **78** Getty Images (Jeffrey Coolidge), München; **84.1** Getty Images (Shoko Shimabukuro), München; **84.2** Getty Images (xavierarnau), München; **84.3** Getty Images (Jose Luis Pelaez Inc), München; **84.4** Shutterstock (Petr Jilek), New York; **84.5** Getty Images (davidf), München; **84.6** Getty Images (monzenmachi), München; **84.7** Getty Images (MIXA), München; **84.8** Getty Images (TatayaKudo), München; **84.9** Getty Images (usako123), München; **85.1** Getty Images (wdstock), München; **85.2** Getty Images (pixelfit), München; **85.3** Getty Images (Yagi Studio), München; **85.4** Shutterstock (sirtravelalot), New York; **85.6** Shutterstock (hanapon1002), New York; **85.7** Getty Images (Michael H), München; **90.1** Getty Images (Yagi Studio), München; **90.2** Getty Images (Takamitsu GALALA Kato), München